マルチメディアデータ工学

音声・動画像データベースの高速検索技術

宝珍輝尚 著

Multimedia Data Engineering

森北出版株式会社

●本書のサポート情報を当社 Web サイトに掲載する場合があります.
下記の URL にアクセスし,サポートの案内をご覧ください.

http://www.morikita.co.jp/support/

●本書の内容に関するご質問は,森北出版 出版部「(書名を明記)」係宛
に書面にて,もしくは下記の e-mail アドレスまでお願いします.なお,
電話でのご質問には応じかねますので,あらかじめご了承ください.

editor@morikita.co.jp

●本書により得られた情報の使用から生じるいかなる損害についても,
当社および本書の著者は責任を負わないものとします.

■本書に記載している製品名,商標および登録商標は,各権利者に帰属
します.

■本書を無断で複写複製(電子化を含む)することは,著作権法上での
例外を除き,禁じられています.複写される場合は,そのつど事前に
(社)出版者著作権管理機構(電話 03-3513-6969,FAX 03-3513-6979,
e-mail:info@jcopy.or.jp)の許諾を得てください.また本書を代行業者
等の第三者に依頼してスキャンやデジタル化することは,たとえ個人や
家庭内での利用であっても一切認められておりません.

まえがき

　データ工学とは，計算機においてデータをいかにうまく使用できるようにするかを考えるものであり，とくに，メモリ上には載り切らない大量のデータを扱う．このために，どのようにデータをモデル化するかを考えるデータモデルや，大量のデータを高速に操作可能とするデータアクセス手法，多数の利用者が同時に操作してもデータの整合性が損なわれないようにする同時実行制御法などの様々な技術が用いられる．また，このような技術の高度な応用についても考える．初期のデータ工学は，数値・文字データを中心に発展してきた．

　しかし現在では，計算機は，その発達に伴って様々な分野で利用されるようになってきた．これにより，計算機で扱うデータも，数値・文字に留まらない多様なものとなってきた．たとえば，各種 CAD データなどの図形データ，写真などの画像データ，音声データ，音楽データや動画データである．このようなデータに対しては，従来の数値・文字データに対する技術がそのまま利用できないことが多くある．これら従来の数値・文字データにはないマルチメディアデータの特性を把握し，計算機でうまく扱えるようにするのがマルチメディアデータ工学である．

　本書では，まず第1章で，従来のデータ工学について概説する．これは，マルチメディアデータ工学を理解するうえでの基礎となる．ここでは，データモデル，検索，代表的な索引構造，ならびにトランザクション，同時実行制御について述べる．

　次に，第2章で，マルチメディアデータについて概説する．テキスト，音，画像，動画，ならびにグラフィックスについて，表現法と特徴量を中心に述べる．

　第3章では，マルチメディアデータモデルについて説明する．ここでは，まず，時空間データの表現と関係について述べ，次に，マルチメディアデータの意味内容を表現するモデルについて述べる．

　第4章では，マルチメディアデータに対する問い合わせについて説明する．非類似度・類似度について述べ，マルチメディアデータに対する問い合わせの基礎について述べる．そして，マルチメディアデータに対する様々な問い合わせについて述べる．

　第5章では，多次元データに対する索引構造について説明する．点データに対する索引構造と矩形データに対する索引構造について述べた後，高度な索引構造のいくつかを紹介する．

　第6章では，時系列データに対する索引構造について説明する．ここでは，時間領域での索引付けと周波数領域での索引付けに分けて述べる．

最後に第7章で，時空間データに対する索引構造について説明する．ここでは，木構造の索引を使用する方法と分割による方法について述べる．

これまでの筆者の知識と経験をもとに，網羅的な記述を心がけた．本書がこれからのマルチメディアデータ工学の進歩の一助となれば幸いである．しかしながら，筆者の力不足で十分に説明できていない箇所があるのは否めない．ぜひ，後進の力をお借りしたいところである．

本書執筆にあたり，企画から脱稿まで力をお貸しいただき，筆者の遅筆を辛抱強く待っていただいた森北出版の富井晃様に深く感謝する．また，何かと助けていただいている京都工芸繊維大学情報工学・人間科学系の野宮浩揮准教授に感謝する．さらに，滞っていた本書の執筆の再開のきっかけを作ってくれた京都工芸繊維大学大学院工芸科学研究科博士前期課程情報工学専攻の学生諸君に感謝する．最後に，日頃から力になってくれる家族に深く感謝する．

2018 年 8 月

著　者

目 次

第1章 マルチメディアデータ工学の基礎　　1

1.1 データモデル ……………………………………………………… 1
　　1.1.1 データモデルとは　1
　　1.1.2 関係モデル　3
　　1.1.3 ネットワークモデル　6
　　1.1.4 実体関連モデル　7
　　1.1.5 集約化と特化・汎化　9
1.2 検　　索 ………………………………………………………… 11
　　1.2.1 検索手法　11
　　1.2.2 索引付け　12
1.3 代表的な索引構造 ……………………………………………… 15
　　1.3.1 2分探索木　15
　　1.3.2 B木　19
　　1.3.3 B^+木　26
　　1.3.4 トライ　27
　　1.3.5 ハッシュ法　29
　　1.3.6 シグネチャファイル　31
1.4 トランザクション，同時実行制御 ……………………………… 32
　　1.4.1 トランザクション　32
　　1.4.2 スケジュール　33
　　1.4.3 同時実行制御法　36
演習問題 ………………………………………………………………… 38

第2章 マルチメディアデータ　　39

2.1 テキスト ………………………………………………………… 39
　　2.1.1 テキストの表現と半構造データ　39
　　2.1.2 テキストの特徴量　41
2.2 音 ………………………………………………………………… 42

iv　目　次

　　　2.2.1　音のディジタルデータ化と圧縮　　42

　　　2.2.2　音の表現　　44

　　　2.2.3　音の特徴量　　45

　2.3　画　　像　………………………………………………………………………　48

　　　2.3.1　画像の表現　　48

　　　2.3.2　画像データの圧縮　　49

　　　2.3.3　画像の特徴量　　50

　2.4　動　　画　………………………………………………………………………　51

　　　2.4.1　動画の表現　　51

　　　2.4.2　動画データの圧縮　　51

　　　2.4.3　動画の特徴量　　52

　2.5　グラフィックス　…………………………………………………………　52

　　　2.5.1　グラフィックスの表現　　52

　　　2.5.2　グラフィックスモデル　　53

　　　2.5.3　グラフィックスの特徴量　　54

　演習問題　……………………………………………………………………………　55

第3章　マルチメディアデータモデル　　56

　3.1　時空間データの表現と関係　………………………………………　56

　　　3.1.1　区間の表現と関係　　56

　　　3.1.2　時間データの表現と関係　　58

　　　3.1.3　空間データの表現と関係　　58

　　　3.1.4　時間と空間の区別　　60

　3.2　内容表現モデル　……………………………………………………………　61

　　　3.2.1　キーワード　　61

　　　3.2.2　ベクトル表現　　61

　　　3.2.3　グラフに基づくモデル　　62

　　　3.2.4　MPEG-7　　63

　　　3.2.5　CORM　　65

　演習問題　……………………………………………………………………………　66

第4章　マルチメディアデータに対する問い合わせ　　67

　4.1　距離と類似度　………………………………………………………………　67

目 次　*v*

　　4.1.1　各種の距離と類似度　68
　　4.1.2　次元削減　71
　4.2　マルチメディアデータに対する問い合わせの基礎 …………………… 72
　　4.2.1　様々なレベルでの類似性の判定　73
　　4.2.2　検索の手がかり　74
　　4.2.3　点データに対する問い合わせ　74
　　4.2.4　矩形データに対する問い合わせ　75
　4.3　マルチメディアデータに対する問い合わせ ………………………… 76
　　4.3.1　空間に対する問い合わせ　76
　　4.3.2　時間に対する問い合わせ　77
　　4.3.3　時系列データに対する問い合わせ　77
　　4.3.4　時空間問い合わせ　78
　　4.3.5　印象に基づく問い合わせ　79
　4.4　問い合わせ事例 ……………………………………………………… 79
　　4.4.1　画像・音楽・動画検索　79
　　4.4.2　情報抽出　80
　　4.4.3　感性検索　81
　演習問題 ………………………………………………………………… 81

第5章　多次元データに対する索引構造　　82

　5.1　点データに対する索引構造 ………………………………………… 83
　　5.1.1　*k*-d 木　83
　　5.1.2　4 分木・8 分木　86
　　5.1.3　グリッドファイル　87
　　5.1.4　LSH　89
　5.2　大きさをもつデータに対する索引構造 …………………………… 90
　　5.2.1　変換法　91
　　5.2.2　R 木　92
　　5.2.3　R* 木　104
　　5.2.4　R$^+$ 木　109
　　5.2.5　空間充填曲線利用法　112
　5.3　高度な索引構造 ……………………………………………………… 113
　　5.3.1　X 木　113

vi　目　次

　　5.3.2　一般化探索木（GiST）　114
　5.4　多次元索引構造の利用例　……………………………………………　119
　　5.4.1　画像・動画の類似検索　119
　　5.4.2　印象に基づく異種メディアデータ検索　119
　演習問題　……………………………………………………………………　120

第6章　時系列データに対する索引構造　　121

　6.1　時間領域での索引付け　………………………………………………　121
　　6.1.1　PAA法　121
　　6.1.2　APCA法　121
　　6.1.3　Skylineインデックス　123
　6.2　周波数領域での索引付け　……………………………………………　124
　　6.2.1　離散フーリエ変換を用いる方法　124
　　6.2.2　変換の考慮　125
　　6.2.3　STインデックスとプレフィックスサーチ　126
　　6.2.4　MRインデックス　127
　　6.2.5　区間分割と部分検索　129
　6.3　索引付けの事例　………………………………………………………　130
　演習問題　……………………………………………………………………　133

第7章　時空間データに対する索引構造　　134

　7.1　木構造の索引を用いる方法　…………………………………………　134
　　7.1.1　分類　134
　　7.1.2　Adaptive Tree　135
　　7.1.3　現存オブジェクトの扱い　136
　7.2　分割による方法　………………………………………………………　138
　演習問題　……………………………………………………………………　139

演習問題解答　……………………………………………………………………　140
参考文献　…………………………………………………………………………　145
索　引　……………………………………………………………………………　149

第1章 マルチメディアデータ工学の基礎

　計算機においてデータをいかにうまく使用できるようにするか考える学問を，**データ工学**（data engineering）という．データを工学的に扱うという点では，機械学習・パターン認識などの人工知能技術や，データマイニングなどのデータ分析技術も，広い意味でデータ工学とよばれることがあるが，本書では，とくに，計算機のメモリ上に載り切らないような大量のデータを効率的に取り扱う技術を指してデータ工学とよぶ．そのような大量のデータを利用するには，必要な情報が素早く得られるようにデータを効率よく整理し，管理する必要がある．その代表的な技術が**データベース**（database）技術である．

　初期の計算機は，もっぱら数値計算や文書管理といった，数値・文字を処理する目的で使われ，したがって，データ工学も数値・文字データを扱うための種々の技術や応用として発展してきた．しかし現在では，計算機の発達に伴い，様々な分野で計算機が利用されるようになっており，計算機で扱うデータも多様なものになってきた．たとえば，各種CADデータなどの図形データ，写真などの画像データ，音声データ，音楽データや動画データである．このようなデータに対しては，従来の数値・文字データに対する技術がそのまま利用できないことが多くある．これら従来の数値・文字データにはないマルチメディアデータの特性を把握し，計算機でうまく扱えるようにするのが，**マルチメディアデータ工学**（multimedia data engineering）である．

　本章では，まず，データ工学の基礎について，マルチメディアデータを扱う際に特有の課題と絡めながら説明する．各種のマルチメディアデータそのものの特徴については，第2章で説明する．

1.1　データモデル

1.1.1　データモデルとは

　身の周りを眺めると，様々なデータがいくつかの特徴的な形式で表現されていることがわかる．たとえば，学校や会社を対象としたデータであれば，所属者名簿はたいてい表形式で表されているし，組織構成などはネットワーク図で表現されていることが多い．また，表形式による表現は，たとえば歴史年表にも用いられるし，ネットワーク

図による表現は，電車の路線図などにも使われている．このように，データのもととなる実世界の対象が同じであっても，表現したい内容によってその形式は異なり得るし，また異なる対象であっても同じ表現形式が用いられることがある．これはすなわち，そのデータのもととなる実世界の対象が何であるかにかかわらず，抽象的にデータが表現できることを示している．様々なデータを取り扱ううえでは，このように実世界を抽象化して，データの構造や関係を表現するほうが都合がよい．これを**データモデル**（data model）という．一般に，データモデルでは次の3要素を規定する必要がある．

- **データを表現する構造**：これは，実世界をどのように捉えるかを規定する枠組みである．たとえば，後述する関係モデルでは，実世界をすべて表として捉えて表現する．この，データを表現する構造の定義を**スキーマ**（schema）とよぶ．そして，スキーマに従って表現されたデータを**データ実体**（instance）とよぶ．たとえば，人は組 (氏名, 生年月日, 性別) で表現されるとすると，データ実体は (“山田 太郎”, 1979.6.21, “男”) という具体的な値で表現されるものである．したがって，スキーマはデータ実体のひな型であるといえる．

- **データの操作体系**：これは，データ実体をどのように操作するかを規定する枠組みである．たとえば，関係モデルでは，表に対する演算でデータを操作する．

- **制約**：データベースの不整合などが生じないように，データに対して設けられる制限条件である．

　データモデルには大きく二つの役割がある．一つは，データベース管理システムが提供するインタフェースという役割である．たとえば，関係モデルに基づくデータベース（関係データベース）を扱う場合，データベース利用者は“表”を頭に思い浮かべてデータを操作する．これが一つ目の役割である．もう一つは，実世界のモデリングツールとしての役割である．実世界の情報を計算機で扱えるようにするためには，実世界の情報を計算機上のデータにマッピングする必要がある．このマッピングの際にどのように情報を捉えるかということである．たとえば，後述の実体関連モデルでは，実世界の情報を実体と関連を用いて表現していくことになる．

　代表的なデータモデルとして，次の三つが挙げられる．

- 関係モデル
- ネットワークモデル
- 実体関連モデル

以下に，これらについて概説する．

1.1.2 関係モデル

関係モデル（relational model）は，実世界をすべて表として捉え，表に対する演算で操作するデータモデルである．関係モデルのデータベースは，**関係**（relation）の集まりとして構築される．関係は，表やテーブルともよばれ，**図 1.1** のように表形式で表される．これは，学生の情報を表す関係の例である．この関係における各列のデータのタイプを**属性**（attribute）といい，列見出しにあたる「学籍番号」，「学科番号」，「氏名」，「住所」を，それぞれの属性名という．また，各行にあたるデータの組を**タプル**（tuple）という．「タプル」は「組」を意味する用語で，属性値の組み合わせを単位として，関係データモデルにおけるデータ実体が構成されることを表している．また，関係データモデルに限らない，一般にデータ実体を構成する単位のことを指して，**レコード**（record）ともよぶ．

学生

学籍番号	学科番号	氏名	住所
1001	04	田中一郎	京都市
1002	01	山田花子	大阪市
1003	05	鈴木次郎	大津市
1004	04	佐藤和美	京都市
1005	06	小林一男	大阪市
⋮	⋮	⋮	⋮

図 1.1　関係（表，テーブル）

一般に関係は，関係名 R と n 個の属性名 A_i により，$R(A_1, \cdots, A_n)$ と表され，これを**関係スキーマ**（relational schema）とよぶ．また，属性 A_i のとり得る値の集合を，**ドメイン**（domain）D_i という．たとえば，図 1.1 では，学籍番号のドメインは4桁の整数の集合である．関係モデルは，集合の概念と集合演算に基づいてデータモデルが構築されている．すなわち，上記のように関係スキーマを決めると，関係は，属性のドメインの直積（$D_1 \times \cdots \times D_n$）の有限部分集合として表される．そして，その要素がタプルである．つまり，関係とは，とり得る値を用いたすべての組み合わせの一部分ということになる．

関係に対する操作には，**和集合**（union），**差集合**（difference），**共通部分**（intersection），**直積集合**（cartesian product）という集合演算がある（**表 1.1**）．また，関係モデル独自の演算として，**射影**（projection），**選択**（selection）がある．射影は指定された属性のみで構成されるタプルを要素とする集合にする演算（**図 1.2**）であり，選択は指定された条件を満足するタプルのみを要素にもつ部分集合とする演算（**図 1.3**）であ

4 第1章 マルチメディアデータ工学の基礎

表 1.1 関係演算

名　称	記　号	使用例	説　明
和集合	$\cup$	$R \cup T$	関係 R のタプル集合と関係 T のタプル集合の和集合
差集合	$-$	$R - T$	R のタプル集合から T のタプル集合を取り除いてできるタプル集合
共通部分	$\cap$	$R \cap T$	R のタプル集合と T のタプル集合の共通集合
直積集合	$\times$	$R \times T$	R のタプルと T のタプルを突き合わせてできるタプルの集合
射影	π	$\pi_{\mathrm{name,age}}(R)$	R の属性 name と age のみを属性とするタプルの集合
選択	σ	$\sigma_{\mathrm{age}\geq 20}(R)$	R のタプルで，属性 age が 20 以上のタプルの集合
結合	$\bowtie$	$R \bowtie_{R.\mathrm{no}=T.\mathrm{no}} T$	R のタプル r と T のタプル t で属性 no の値が等しい r と t を突き合わせてできるタプルの集合 $(R \bowtie_{R.\mathrm{no}=T.\mathrm{no}} T = \sigma_{R.\mathrm{no}=T.\mathrm{no}}(R \times T))$

学生

学籍番号 (A_1)	学科番号 (A_2)	氏名 (A_3)	住所 (A_4)
1001	04	田中一郎	京都市
1002	01	山田花子	大阪市
1003	05	鈴木次郎	大津市
1004	04	佐藤和美	京都市
1005	06	小林一男	大阪市
⋮	⋮	⋮	⋮

$\pi_{A_1, A_3}(\text{学生})$

学籍番号	氏名
1001	田中一郎
1002	山田花子
1003	鈴木次郎
1004	佐藤和美
1005	小林一男
⋮	⋮

図 1.2　関係に対する操作：射影

学生

学籍番号 (A_1)	学科番号 (A_2)	氏名 (A_3)	住所 (A_4)
1001	04	田中一郎	京都市
1002	01	山田花子	大阪市
1003	05	鈴木次郎	大津市
1004	04	佐藤和美	京都市
1005	06	小林一男	大阪市
⋮	⋮	⋮	⋮

$\sigma_{A_4=\text{“大阪市”}}(\text{学生})$

学籍番号 (A_1)	学科番号 (A_2)	氏名	住所
1002	01	山田花子	大阪市
1005	06	小林一男	大阪市
⋮	⋮	⋮	⋮

図 1.3　関係に対する操作：選択

1.1 データモデル　5

学生

学籍番号 (A_1)	学科番号 (A_2)	氏名 (A_3)	住所 (A_4)
1001	04	田中一郎	京都市
1002	01	山田花子	大阪市
1003	05	鈴木次郎	大津市
1004	04	佐藤和美	京都市
1005	06	小林一男	大阪市
⋮	⋮	⋮	⋮

工学部

学科番号 (B_1)	学科 (B_4)
04	情報工学科
05	機械工学科
06	電気電子工学科

学生$\bowtie_{A_2=B_1}$工学部

学籍番号	学科番号	氏名	住所	学科番号	学科
1001	04	田中一郎	京都市	04	情報工学科
1004	04	佐藤和美	京都市	04	情報工学科
⋮	⋮	⋮	⋮	⋮	⋮
1003	05	鈴木次郎	大津市	05	機械工学科
⋮	⋮	⋮	⋮	⋮	⋮
1005	06	小林一男	大阪市	06	電気電子工学科
⋮	⋮	⋮	⋮	⋮	⋮

図 1.4　関係に対する操作：結合

る．さらに，**結合**（join）がある．結合は，二つの関係の属性の間の二項関係をもとに，二つの関係を突き合わせて新たな関係を生成する演算である．結合の例を図 1.4 に示す．ここでは，関係「学生」と関係「工学部」を学科番号が等しいという条件で結合している．関係 R と関係 S に対する結合条件 F による結合は，直積集合 × と選択 σ により，$\sigma_F(R \times S)$ で表現できるが，関係モデルでは非常に重要な演算であり，また，よく使用されるので，通常，基本演算として考える．

関係モデルにおける制約には，次のようなものがある．

- タプルの各成分はドメインの要素でなければならない．これを**ドメイン制約**という．
- タプルを一意に識別するキーは二つ以上のタプルで同一のものがあってはならない．これを**キー制約**という．ここで，タプルを一意に識別する一つ以上の属性を**超キー**（super key）という．たとえば，学生という関係において，「学籍番号と氏名」という二つの属性は，タプルを一意に識別するので超キーである．超キーのための必要最小限の属性からなる超キーを**候補キー**（candidate key）という．上

6 第1章 マルチメディアデータ工学の基礎

述の「学籍番号と氏名」の場合，氏名を除いても学籍番号のみでタプルを一意に
識別できるので，必要最小限の属性からなる超キーではなく，「学籍番号と氏名」
は候補キーではない．これに対して，「学籍番号」はタプルを一意に識別できるの
で超キーであり，これを削除するとデータ項目がなくなってしまい超キーでなく
なるので，「学籍番号」は候補キーである．一般に，候補キーを単に**キー**（key）と
よぶ．キー（候補キー）は複数存在することがある．複数の候補キーの中で管理
上都合のよいものを一つ選んで**主キー**（primary key）とする．

● 別の関係 S のキーとなっている属性（外部キー属性）は，空値である場合を除き，
関係 S の候補キーでなければならない．これを**参照整合性制約**という．たとえば，
図 1.5 のように，関係「学生」と関係「学科」を考えれば，属性「学科番号」を
キーとして，関係「学生」から関係「学科」を参照できる．このとき，「学科」の
「学科番号」は，「学生」の「学科番号」に入力されている空値を除いたすべての
値を含んでいて，かつ，「学科」のタプルを一意に識別できるキー（候補キー）と
なっていなければならない．一方，図 1.4 の関係「工学部」では，「学科番号」は
「工学部」の候補キーになっているが，「学生」の「学科番号」の値をすべて含ん
でいないため，「学生」と「工学部」は参照整合性を満たしていない．

学生

学籍番号	学科番号	氏名	住所
1001	04	田中一郎	京都市
1002	01	山田花子	大阪市
1003	05	鈴木次郎	大津市
1004	04	佐藤和美	京都市
1005	06	小林一男	大阪市
⋮	⋮	⋮	⋮

学科

学科番号	学科
01	数学科
02	物理学科
03	化学科
04	情報工学科
05	機械工学科
06	電気電子工学科
⋮	

図 1.5 参照整合性制約

1.1.3 ネットワークモデル

ネットワークモデル（network model）は，実世界をネットワークで表現するデー
タモデルである．

ネットワークモデルにおけるスキーマは，**バックマン線図**（Bachman diagram）で
表現される．バックマン線図では，レコードを四角形で表し，レコード間の親子関係
を矢印で表現する．たとえば，**図 1.6** では，「学部」と「学科」の間の親子関係を表し
ている．

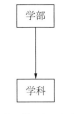

図 1.6　バックマン線図

　ネットワークモデルにおけるデータ実体は**オカレンス**（occurrence）とよばれる．データ実体における親子関係は，親のオカレンスから最初の子のオカレンスがリンク付けられ，さらに，子のオカレンスが順番にリンク付けられ，そして，最後の子のオカレンスから親のオカレンスにリンク付けられるという方法で表現される．この例を，**図 1.7** に示す．ここでは，「工学部」には，「情報工学科」，「機械工学科」，「電気電子工学科」があることを示している．

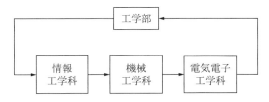

図 1.7　リンク構造での階層表現（CODASYL[†]）

　ネットワークモデルにおける操作は，このリンク構造を巡航することにより行われる．親オカレンスから子オカレンスをたどり，親オカレンスに戻ればすべての子オカレンスを求めたことになる．リンクをたどるので高速なアクセスが可能である．また，アクセスする順の変更をリンクの付け替えにより行うことができ，優先順位の高いものの順に先頭から配置することで，優先順のアクセスが簡単にできる．しかし，このリンク構造はデータ実体の物理的な連結構造を表しており，物理的なデータ独立性が低い．

1.1.4　実体関連モデル

　実体関連モデル（Entity-Relationship model; ER モデル）は，実世界を実体と関連で表現するデータモデルである．

　ER モデルにおけるスキーマは，**図 1.8** のような **ER 図**（ER diagram）で表現される．ER 図では，実体集合を長方形で表し，関連集合をひし形で表現する．**実体**（entity）

[†] Conference on Data System Languages

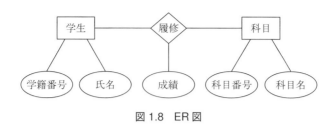

図 1.8 ER 図

とは,「実在するもの」を意味する用語で,「学生」のように物理的に存在するもののほか,「学科」のように概念として存在するものも含む. 明確に定義するのが難しいが, 簡単にいうと, データベースにおいて管理したい対象となる, ひとまとまりのデータのことである. 直感的には, 実体は名詞に, 関連は動詞に対応付けて考えることもできる. たとえば,「学生」,「科目」,「履修」は,「学生」が「科目」を「履修する」から,「学生」と「科目」が実体,「履修」が関連となる. また, 実体集合と関連集合には属性が付けられ, 楕円で表される. たとえば, 図 1.8 では,「学生」と「科目」という実体集合があり,「学生」は「科目」を「履修」するという関連があることを表している. また, 実体集合「学生」には「学籍番号」と「氏名」という属性があり, 実体集合「科目」には「科目番号」と「科目名」という属性がある. また, 関連集合「履修」には「成績」という属性がある.

ER モデルにおけるデータ実体の例を図 1.9 に示す. ER 図に対応してデータ実体が表現される. たとえば,「田中一郎」という氏名の学生は,「データベース」という講義と「マルチメディア工学」という講義を履修し, 成績はそれぞれ 90 点と 80 点である. また,「佐藤和美」という氏名の学生は,「マルチメディア工学」という講義と「情報システム」という講義を履修し, 成績はそれぞれ 70 点と 80 点である.

ER モデルでは, 実体を表現することが可能である. つまり, データ実体を表す図 (図 1.9) において, 実体を表す四角形を陽に表現することができる. これに対して, たとえば関係モデルでは単なる属性の組み合わせとしてデータ実体が表されるだけである. ER モデルでは, 実体は, 属性の値とはまったく無関係に存在する. 属性の値がまったく同じ二つの実体が存在することも可能であるし, 属性の値がまったくない実体が存在することも可能である. この意味で, ER モデルは, **実体指向** (entiry-oriented) のデータモデルであるといわれる. これに対して, 関係モデルやネットワークモデルでは, 属性の値 (の組み合わせ) によって実体を表現しており, **値指向** (value-oriented) のデータモデルといわれる.

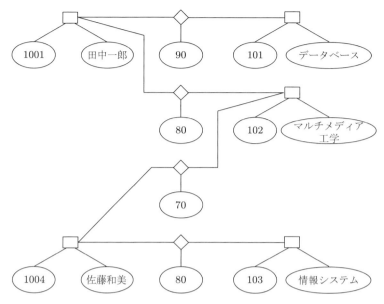

図 1.9 ER モデルのデータ実体

1.1.5 集約化と特化・汎化

ここでは，高度なデータモデリング機能として，集約化，ならびに特化と汎化について説明する．これらは，**意味的なデータモデル**（semantic data model）や**オブジェクト指向データモデル**（object-oriented data model）で導入されている．

(1) 集約化

集約化（aggregation）とは，多数の実体とそれらを集約した全体の実体間の関連を表現する機能であり，構成関係を表す機能である．たとえば，自動車はエンジンとボディとシャーシから構成される，という関連を表現すると，**図 1.10** のようになる．ひし形によりその関連を表現している．これは，**複合オブジェクト**（complex object, composite object）を表現するのに使用される．

集約化では，全体を表す実体（全体実体）が削除されたときの構成要素の実体（構

図 1.10 集約化

成実体）の取り扱いを考える必要がある．全体実体が削除されると構成実体も削除される場合と，全体実体が削除されても構成実体は削除されない場合の二つがある．前者を連鎖削除といい，その例は，設計図面と図面上の記号である．設計図面を削除すると，その上の記号も削除されてしまう．一方，後者の例は，自動車とその部品である．自動車でなくなっても，それを構成していた部品は存在するという場合である．

(2) 特化と汎化

特化（specialization）は，ある実体を特殊化した実体を導入する機能である．たとえば，「鳥」を特殊化したものとして「ハト」や「ペンギン」や「ニワトリ」を導入する場合である．この場合の「鳥」をスーパークラスまたはスーパータイプといい，「ハト」等をサブクラスまたはサブタイプという（図1.11）．サブクラスである「ハト」や「ペンギン」や「ニワトリ」は，スーパークラスである「鳥」がもつ属性や振る舞い（メソッド）をもつ．これを，属性やメソッドの**継承**（inheritance）という．とくに，後述の汎化の場合と区別して，**下への継承**（downward inheritance）とよばれる．継承には，複数のスーパークラスが存在する**多重継承**（multiple inheritance）がある．たとえば，ティーチングアシスタント（TA）は，学生であって教員であるので，「TA」は「学生」と「教員」をスーパークラスとしている（図1.12）．

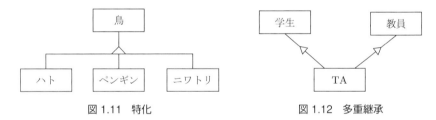

図 1.11 特化　　　　　　　　図 1.12 多重継承

一方，**汎化**（generalization）は，多数の実体とそれらを一般化した実体間の関連を表現する機能である．たとえば，「学生」と「教員」を一般化して「人」を導入する場合である（図1.13）．この場合，「学生」と「教員」に共通に存在する属性や振る舞い（メソッド）を「人」がもつことになる．これは，**上への継承**（upward inheritance）とよばれる．

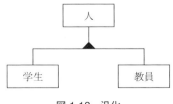

図 1.13 汎化

1.2 検索

1.2.1 検索手法

データを利用する際は，データベース等に蓄積されたデータをそのまますべて用いるとは限らない．一般に，利用目的の観点からは不要なデータや，不適切なデータもそれらには含まれ得るからである．したがって，データの集合の中から，つど目的に合ったデータを探し出す必要がある．これを**検索**（search）という．検索手法には，ブラウジング，ナビゲーション，ならびに問い合わせがある．

(1) ブラウジング

ブラウジング（browsing）は，パラパラ読みということである．ある事項を本の中から探す場合に，ページをパラパラとめくって探す方法である．ウェブサーチの結果のリストを見ていくこともこの手法に含まれる．

ブラウジングは，比較的少数のデータが検索対象である場合に用いられる．すべてのデータがあるので，基本的に，検索漏れはない．ただし，利用者による見落としが起こりやすいことに注意する必要がある．ブラウジングは，データが大量の場合には困難である．実際，人間が目視で探すのには限界があり，大量のデータの場合は実質的に不可能である．

(2) ナビゲーション

ナビゲーション（navigation）は，リンクや候補を順にたどって探していくという方法である．通常，いくつかのリンクや候補が選択可能となっており，その中の一つを選択すると，ある情報が提示されるとともに，さらにその先のリンクや候補が提示される．このリンクや候補を順にたどっていくのである．

ナビゲーションでは，利用者が興味のある方向に移動していくことができるが，全体の中のどこにいるのかがわかりにくくなるという難点がある．また，必ずしも正解にたどり着くとは限らず，正しく検索できるとは限らない．さらに，遠回りする可能性があり，効率的に検索できるとは限らない．ただし，リンクをたどっていく途中で本来の目的ではない副次的な情報を得ることができる場合もある．

(3) 問い合わせ

問い合わせ（query）は，検索条件を指定して候補を求める手法である．問い合わせは，「学籍番号が"1012"の学生を求める」のように，検索条件により必ず検索結果が1件になる場合や，「学科名が"情報工学科"の学生を求める」のように，検索条件は一つであるが検索結果が複数存在する場合がある．また，「成績が80点以上100点以

下の学生を求める」のように，検索範囲を指定する場合があり，これを**範囲問い合わせ**（range query）という．

問い合わせは，対象が大量のデータの場合に有効であり，データ工学における検索といえば通常，この問い合わせによる検索を指す．ただし，適正な検索条件を指定するのが困難なことがあり，また，検索漏れの恐れがある．

1.2.2　索引付け

一般に，データ全体にわたって検索を行うのは非効率的なので，通常は，個々のデータの手がかりとなる情報を用意して，それらに対して検索を行う．各データの手がかりとなる情報を**索引**（index）という．身近なものとしては，本書の巻末にも付いている書籍の索引がその一例である．索引語句を手がかりとして，書籍全体というテキストデータの中から，読みたい箇所を素早く探し出すことができる．同様に，巻頭に付いている目次も，索引の一種といえる．

従来の数値・文字データに対する検索では，対象データそのもの，あるいはその一部を索引として用いた，完全一致検索，範囲検索やパターン照合が念頭に置かれてきた．これに対してマルチメディアデータでは，これらの検索が困難であったり，これらの検索では不十分であったりすることがある．

たとえば，画像の場合，画像を表すビット列が完全に一致するものは，検索のキーとする画像かそのコピーのみであり，違法コピーを探す以外はそのような検索は無用である．また，画像自体に順序を付けることは困難である．画像を表すビット列そのもので順序を付けることは可能かもしれないが，そのような順序付けに意味があるとは考えられない．それよりも，明度や，RGBの割合などの色要素で順序付けるほうがよっぽど有用であろう．さらに，ビット列のパターンそのものよりも，それが何の画像であるかという情報のほうが有用である．

これは文章などのテキストデータについても同様である．文章は，単なる文字の並びではなく，意味的な構造をもっている．従来も文字データに構造がなかったわけではない．たとえば，住所は，都道府県名，市区町村名とそれ以外から構成されるというような構造をもっている．しかし，より大きなテキストデータが対象となれば，たとえば，章，節，項といった文書構造を扱わなければならないこともあり，これは住所のような構造よりも複雑な構造と考えられる．また，画像などに対する検索が意味内容に基づいて行われるのであれば，テキストデータに対しても同様に，何について書かれているかという，テキストの意味内容を捉えておく必要が出てくる．

このように，マルチメディアデータに対する検索では，それを表現するビット列ではなく，そこから抽出した特徴量や，データがもつ意味内容をもとにしなければなら

ないことがあり，どのような索引付けをするかが重要になる．これらを考慮した索引としては，キーワード等の文字列による方法，特徴量や時空間情報による方法，ならびに内容表現による方法がある．

(1) キーワード，文字列

キーワード（keyword）による方法は，情報の内容を表す単語（キーワード）を付与しておき，問い合わせ時にキーワードを手がかりにする方法である．

この方法は実現が簡単で，情報検索において非常によく使用される．ただし，情報に適切なキーワードを自動的に付与するのは困難なことが多く，通常は人手でキーワードが付与される．この場合，たとえば，「問い合わせ」や「問合せ」というような単語の表記の揺れの問題がある．また，付与するキーワードが人によって異なってしまうという問題や，キーワードが時代とともに変遷するという問題もある．

キーワード検索における検索漏れを克服するための方法としてよく使用されるのが，**シソーラス展開**（thesaurus expansion）とよばれる方法である．シソーラスは，単語の上下関係，反意関係等により単語を関連付けた知識体系である．シソーラス展開では，たとえば，「コンピュータ」というキーワードが指定された場合に，「パソコン」や「スーパーコンピュータ」という下位語をキーワードに含めて検索する．これにより検索漏れを減少させることができる．しかし一方で，誤検索が増加してしまうという問題もある．

キーワードを使用する場合のデータ構造としては，**転置ファイル**（inverted file）がよく利用される．キーワードがアルファベット順等で順番に並べられており，そのキーワードごとに，キーワードに合致した情報の所在が格納されているデータ構造である．また，その他のデータ構造として，ハッシュ法，トライやシグネチャファイルが利用されることも多い．このようなインデックスファイルは，もとのデータよりもサイズが大きくなることもあるので注意が必要である．

キーワードではないが，文字の並びを利用する方法として，n-gram インデックスがある．n-gram インデックスとは，n 個の文字の並びについて，その文字の並びの所在情報を保持しておくという方法である．たとえば，3-gram では，「database」は，「dat」，「ata」，「tab」，「aba」，$\cdots$ という 3 個の文字からなる文字列のおのおのについて，その文字列がどこに存在するかという所在情報を保持しておくことになる．単語のように意味を考慮しないので，自然言語処理を行うことなく処理できるという利点がある．

(2) 特徴量，時空間情報

　画像や音声といったマルチメディアデータからは**特徴量**（feature value）が抽出できる．たとえば，画像の RGB の平均値や音声の周波数スペクトルなどが挙げられる．また，特徴量と同様にデータから抽出される情報として，地図上や画面上の位置情報や時刻情報が利用できる場合もある．このような特徴量や時空間情報を索引として利用する．よい特徴量が見つかると精度のよい検索が可能であるが，よい特徴量の発見が困難なことも多い．

　これらの情報は，各種メディア処理により自動抽出可能であるが，一般には多次元データとなる．たとえば，画像の RGB の平均値の場合は，(R の平均値，G の平均値，B の平均値) のように 3 次元となる．したがって，大量のデータに対しては，多次元データに対して効率よく検索を行う索引構造が必要となる．

　また，画像と音声というように，異種のメディアデータでは抽出される特徴量が異なるので，異種メディアデータ間での比較は不可能である．

(3) 内容表現

　内容表現とは，データの意味内容を表す情報を作成・保持して利用する方法である．たとえば，画像の内容を，一種のグラフ構造を利用して表現しておく方法などがある．この例を図 1.14 に示す．図 (a) に示す画像の内容を図 (b) に示している．この画像には「富士山」と「木」が並んでいるので，それらに対応するノードと，「富士山」の右に「木」があることをノード間のリンクで表現している．このように，単なるキーワードを超えた意味内容を表現する場合に利用される．また，空間関連や時間関連を表現する場合もある．特徴量が直接比較不可能な異種のメディアデータ間での検索にも利用することが可能である．

　しかし，このような内容表現を計算機で自動的に生成することは，一般には非常に困難である．また，内容表現が一種のグラフ構造の場合などは，ノードの数が多くなると照合が困難になるという問題もある．これを高速に行うためのグラフ構造に対す

（a）画像

（b）内容表現

図 1.14　画像の内容表現の例

1.3 代表的な索引構造

　作成された索引は，単なる表として用いられることもあるが，これを構造化することで，さらに効率的な検索が可能になる．ここでは，各種の代表的な索引構造について述べる．まず，探索木を取り上げ，その基本である2分探索木と，データベースでよく使用されるB木とB$^+$木について説明する．また，辞書の構築によく利用されるトライについても説明する．さらに，木構造によらない索引構造として，ハッシュ法を取り上げる．最後に，テキスト検索でよく使用されるシグネチャファイルについて説明する．これらは従来の数値・文字データをおもな対象とした索引構造であるが，索引が適切に作成されていれば，マルチメディアデータの索引構造としても用いることが可能である．マルチメディアデータ特有の性質を考慮した索引構造については，第5章以降でさらに説明する．

1.3.1　2分探索木

　索引構造を，グラフ理論における**木**（tree）の構造としたものを**探索木**（search tree）という．木構造とは，**ノード**（node; 節点）とそれらをつなぐ**リンク**（link）からなる，巡回がない（すなわち環状部分がない）連結構造のうち，同じノードを終点とする複数のリンクがないものである．

　リンクは**枝**（edge）ともよばれ，木構造の場合，ノード間の親子関係を表す．リンクでつながれた二つのノードのうち，上位のノードを**親ノード**（parent node）とよび，下位のノードを**子ノード**（child node）とよぶ．また，同じ親ノードをもつ子ノードどうしを**兄弟ノード**（sibling node）とよぶ．

　親ノードをもたない最上位のノードを**根ノード**（root node）といい，これが探索の起点となる．子ノードをもたない末端のノードを**葉ノード**（leaf node）とよぶ．根ノードから葉ノードまでのリンク数の最大値を，木の**高さ**（height）といい，また，あるノードから根ノードまでのリンク数を，そのノードの**深さ**（depth）という．一般に，木構造の一部分もまた木構造となり，これを**部分木**（subtree）とよぶ．

　探索木は，ノードにデータまたはポインタ（データの所在位置を指し示すもの）を格納し，根ノードからリンクをたどって目的のデータの探索を行うものである．このとき，どの葉ノードの深さもなるべく等しくなるように木が構成されていると，探索の効率がよい．このような木を**平衡木**（balanced tree）という．

　2分探索木（binary search tree）は，非常に基本的な探索木であり，以下の特徴を

もつ.
- 木構造である（巡回がなく，親ノードは1個）.
- 2分木である（子ノードはたかだか2個）.
- どのノードも，（左の子ノードのデータ）＜（自ノードのデータ）＜（右の子ノードのデータ）という大小関係を満足する.

2分探索木の例を図1.15に示す．根ノードの左部分木には根ノードのデータ（50）よりも小さな値をもつノードがあり，右部分木には根ノードのデータよりも大きな値をもつノードがある.

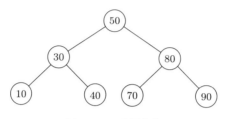

図 1.15　2分探索木

(1) 検索

2分探索木を用いた検索は，データの大小関係に従ってリンクをたどることで実現できる．検索の手続きの概要を**アルゴリズム 1.1** に示す．部分木の根 R が NULL の場合（S0），それ以上探索すべき部分木が存在せず，求める値 x は存在しなかったことになる．R のデータが x と等しい場合（S1）は，それが求める値 x となる．そうでない場合で x が R のデータよりも小さい場合（S2）は，左部分木を再帰的に探索する．そうでない場合（x が R のデータよりも大きい場合（S3））は，右部分木を再帰的に探索する.

アルゴリズム 1.1　2分探索木に対する検索

```
Algorithm Search
  Input:
    R: 2分探索木（の部分木）の根ノード, x: 求めるデータ
  Method:
    S0   if(R == NULL) then   //【検索対象が存在しなかったとき】
            「xは見つからなかった」とする.
         else                  //【検索対象が存在したとき】
    S1     if(Rのデータ == x) then   //【xがRにあるならば】
              「xは見つかった」とする.
    S2     else if(x < Rのデータ) then   //【xが左部分木にあるならば】
              Search(Rの左の子ノード, x)   //　左部分木の再帰的探索】
```

```
  S3    else                        //【xが右部分木にあるならば
          Search(Rの右の子ノード, x)  //  右部分木の再帰的探索】
        endif
      endif
  End
```

(2) 挿入

2分探索木への値の挿入は，検索と同様にして実現できる．つまり，検索と同じ手順で値を挿入すべき場所を求め，そこに挿入する値を要素にもつノードを作成して連結すればよい．挿入の手続きの概要を**アルゴリズム 1.2** に示す．すでに x が木に存在するならば（I1），その旨を伝える．そうでないならば，値 x を挿入する葉ノードを求めていく（I2 および I3）．挿入すべきところにノードがないならば（I0），そこに x をデータにもつ新ノードを作成し，木に連結する．

アルゴリズム 1.2　2分探索木に対する挿入

```
Algorithm Insert
  Input:
    R: 2分探索木（の部分木）の根ノード, x: 挿入するデータ
  Method:
    I0   if(R == NULL) then          //【ノードが存在しないとき】
            値xをもつ新ノードNを作成し, 木に連結する.
          else                        //【上記以外のとき】
    I1     if(Rのデータ == x) then    //【xがすでに存在するならば】
             「xはすでに存在する」とする.
    I2     else if(x < Rのデータ) then //【xを左部分木に挿入すべきならば
             Insert(Rの左の子ノード, x)  //  左部分木に対する再帰的処理】
    I3     else                        //【xを右部分木に挿入すべきならば
             Insert(Rの右の子ノード, x)  //  右部分木に対する再帰的処理】
           endif
         endif
  End
```

(3) 削除

2分探索木からの値の削除は，左右両方の子ノードが存在している場合に注意が必要であるが，それ以外は単純である．削除の手続きの概要を**アルゴリズム 1.3** に示す．少なくともどちらかの子ノードが存在しないならば（D11 および D12），存在する子ノードを自ノードとすればよい．両方の子ノードが存在しない場合もこの場合に含まれる．左右両方の子ノードが存在する場合（D13）は，x の直前（または直後）のデー

タをもつノードPで自ノードを置き換える．このノードPは，左部分木（右部分木）の最大値（最小値）をもつノードである．最大値（最小値）をもつノードは，右（左）へと右（左）へとたどり，右（左）の子が存在しなくなったときのノードである．ノードPが見つかると，Pのデータ y を自ノードのデータとする．そして，ノードPを削除し，ノードの接続関係を維持するために Delete を呼び出す．

アルゴリズム 1.3　2分探索木に対する削除

```
Algorithm Delete
  Input:
   R: 2分探索木（の部分木）の根ノード, x: 削除するデータ
  Method:
   D0  if(R == NULL) then  //【削除すべき値が存在しないならば】
          「xは見つからない」とする.
       else
   D1    if(Rのデータ == x) then
   D11     if(Rの左の子ノードがない) then  //【左か両方の子ノードがないならば】
              右の子ノードを自ノードの場所に連結し，自ノードを削除する.
   D12     else if(Rの右の子ノードがない) then  //【右の子ノードがないならば】
              左の子ノードを自ノードの場所に連結し，自ノードを削除する.
   D13     else                        //【両方の子ノードがあるならば】
              xの直前の値または直後の値をもつノードを探し，Pとする.
              自ノードのデータをPのデータと置き換える.
              Delete(P, Pのデータ)         //【ノードPを削除】
            endif
   D2    else if(x < Rのデータ) then  //【xが左部分木にあるならば
            Delete(Rの左の子ノード, x)  //  左部分木に対する再帰的処理】
   D3    else                        //【xが右部分木にあるならば
            Delete(Rの右の子ノード, x)  //  右部分木に対する再帰的処理】
          endif
        endif
  End
```

(4)　特徴

アルゴリズム 1.2 に示した挿入手続きは，2分探索木がバランスすること（つまり平衡木となるようにすること）を考慮していない．したがって，データの挿入順序によって木の構成は異なる．たとえば，図 1.15 中の全データを小さいものから順に（昇順に）挿入していくと，**図 1.16** のようになってしまう．これはリスト構造であり，探索時に2分探索を行えず，効率が低下してしまう．

バランスをとる一つの方法は，データを2分探索する順番でデータを挿入することで

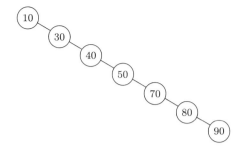

図 1.16　昇順にデータを挿入した場合の 2 分探索木

ある．しかし，これはあらかじめデータ集合が決定されている場合にのみ可能である．

データの挿入や削除の際にバランスをとる 2 分探索木は，**平衡 2 分探索木**（balanced binary search tree）とよばれる．平衡 2 分探索木には，AVL 木や 2-3 木がある．これらについては，文献 [1] 等を参考にされたい．

1.3.2　B 木

B 木（B-tree）はディスクアクセスを考慮した平衡多分木である．B 木のノードの長さは，通常，ディスクのブロック長と同じにする．これにより，1 回のディスクアクセスでなるべく多くのデータを取得する．また，なるべく多くの子をもたせることにより，木が高くならないようにしている．

(1)　構造

d 次の B 木は，以下の条件を満たす木である．

- 各葉ノードの深さは同じである（平衡木）．
- 根ノード以外のノードはキー値の順に並んだ k（$d \leq k \leq 2d$）個の**エントリ**（entry）をもつ．ここで，エントリは，組 (キー値, データ) であるが，組 (キー値, データへのポインタ) と実装されることもある．また，d を，**次数**（order; 位数, オーダ）という．
- 根ノードは，キー値の順に並んだ k（$1 \leq k \leq 2d$）個のエントリをもつ．
- k 個のエントリ E_i $(i = 1, \cdots, k)$ をもつ非葉ノードは，$k+1$ 個の子ノードポインタ P_i $(i = 1, \cdots, k+1)$ をもつ．ポインタ P_i の指す部分木に格納されたすべてのエントリのキー値の集合 K_i は，以下の条件を満たす．

$$i = 1 \text{のとき：} \quad ^\forall key \in K_1 \ (key < Key(E_1))$$
$$1 < i < k+1 \text{のとき：} \quad ^\forall key \in K_i \ (Key(E_{i-1}) < key < Key(E_i))$$
$$i = k+1 \text{のとき：} \quad ^\forall key \in K_{k+1} \ (Key(E_k) < key)$$

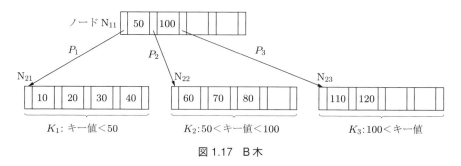

図 1.17　B木

ここで，$Key(E_i)$ はエントリ E_i のキー値，key はキー値であり，$\forall$ は全称記号（「すべての」を表す）である．2 次の B 木の例を図 1.17 に示す．

(2)　検索

B 木を用いた検索は，2 分探索木と同様に，キーの大小関係に従ってリンクをたどることで行える．検索の手続きの概要を**アルゴリズム 1.4** に示す．部分木の根 R が NULL の場合（S0），求めるキー key は存在しなかったということである．そうでない場合は，S1 に示した条件を満足する i を 2 分探索等を用いて求める．これは，エントリ E_i（Eiと記述）とポインタ P_{i+1}（P{i+1}と記述）を求めていることになる．E_i のキーが key と等しい場合（S2）は，E_i を返却して終了する．そうでない場合（S2）は，P_{i+1} が指す部分木を再帰的に検索する．

アルゴリズム 1.4　B木に対する検索

```
Algorithm Search
  Input:
    R: B木（の部分木）の根ノード，key: 検索キー
  Output:
    E: 検索キーxに対応するエントリ
  Method:
    S0  if(R == NULL) then   //【検索対象が存在しないとき】
          NULLを返却して終了する．
        else
    S1    Key(Ei) <= key < Key(E{i+1}) なるiを求める．
    S2    if(Key(Ei) == key) then  //【keyが合致したら】
            Eiを返却して終了する．
    S3    else                     //【keyが合致しなければ
            Search(P{i+1}, key)    //   部分木の再帰的検索】
          endif
        endif
End
```

(3) 挿入

B 木の挿入処理の主処理を**アルゴリズム 1.5** に示し，実際に挿入を行う処理を**アルゴリズム 1.6** に示す．

アルゴリズム 1.5　B木に対する挿入（主処理）

```
Algorithm Insert
  Input:
    R: B木（の部分木）の根ノード，E: 挿入するエントリ
  Method:
    I0  L = Eを挿入する葉ノード
    I1  Ins(L, E)  //【LへのEの挿入を依頼する】
    I2  if(分割が根ノードに達した) then  //【木を成長させる】
          新ノードNを作成し，二つのノードをNの子ノードにする.
          Nを新しい根ノードにする.
        endif
End
```

アルゴリズム 1.6　B木に対する挿入（実処理）

```
Algorithm Ins
  Input:
    N: Eを挿入するノード，E: 挿入するエントリ
  Method:
    J1  if(Nに空きがある) then
          EをNに挿入する.
    J2  else if(Nの兄弟ノードに空きがある) then  //【再配分する】
          B = 空きのある兄弟ノード
          E' = Nの親ノードにおいてNとBを左右の子ノードとするエントリ
          EとNとE'とBにより再配分する.
    J3  else  //【兄弟ノードにも空きがないなら，ノードを分割する】
          NをNとN'に分割する（中央のエントリをE''とする）.
          Nの親ノードにE''を挿入する（Ins(Nの親ノード, E'')）.
        endif
End
```

B 木へのデータの挿入は，まず，エントリを挿入する葉ノードを探索する（I0）．これは，検索と同様の手続きで実現できる．次に，その葉ノードへのエントリの挿入を依頼する（I1）．挿入の結果，根ノードに分割が及んだならば（I2），新たな根ノードを作成し，これまでの根ノードが分割されてできた二つのノードを新根ノードの子ノードとし，木を成長させる．

ノードへのエントリの挿入は，(1) 当該ノードに空きがある場合，(2) 当該ノードには空きがないが兄弟ノードに空きがある場合，(3) 当該ノードにも兄弟ノードにも空きがない場合の3通りに分けられる．

(1) の場合は，当該ノード N にエントリ E を挿入すればよい（J1）．

(2) の場合は，当該ノード N と兄弟ノード B と挿入エントリ E をもとに再配分を行う（J2）．ノード N とノード B の親ノード P において，ノード N とノード B を左右の子とするエントリを E' とする．以降，ノード B は兄ノード（すなわち，ノード B 中のエントリのキー値は，ノード N 中のものよりも大きな値をもつ）として説明する．ノード N 中のエントリ E_{N_i} と E' およびノード B 中のエントリ E_{B_j} と挿入エントリ E をキー値でソートし，中央のキー値をもつエントリ E'' を求める．E'' を E' の代わりとし，E'' のキー値よりも小さいキー値をもつエントリをノード N のエントリとし，E'' のキー値よりも大きいキー値をもつエントリをノード B のエントリとする．以上により，再配分が終了する．ノード B が弟ノードの場合も，同様の手続きで再配分できる．

この例として，図 1.17 の B 木にキー値 45 のデータを挿入する場合を説明する．この場合，ノード N_{21} がノード N，ノード N_{22} がノード B，ノード N_{11} が親ノード P であり，N_{11} 中のキー値 50 のエントリが E' である．これらのキー値を図 1.18 (a) に示す．これらのキー値の中央のキー値は 45 であり（図 1.18 (b)），これが E'' となってキー値の集合が二つに分割される．この結果，図 1.17 の B 木は図 1.18 (c) となる．

(3) の場合は，当該ノード N を分割する（J3）．この場合，ノード N には，$2d$ 個（d は次数）のエントリが含まれている．したがって，挿入エントリ E を加えると全部で $2d+1$ 個のエントリが存在する．このエントリ集合をキー値でソートし，中央のキー

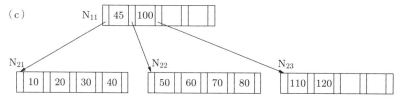

図 1.18　B 木への挿入（再配分）

値をもつエントリ E'' を求める．そして，E'' のキー値よりも小さいキー値をもつ d 個のエントリを，たとえばノード N のエントリとし，E'' のキー値よりも大きいキー値をもつ d 個のエントリを，新たに作成したノード N' のエントリとする．そして，ノード N の親ノード P にエントリ E'' を挿入する．ここで，エントリ E'' はノード N とノード N' を左右の子とするエントリである．この親ノード P へのエントリ E'' の挿入は再帰的に行われる．

この例として，図 1.18 (c) の B 木にキー値 15 のデータを挿入する場合を説明する．葉ノード N_{21} に 15 を挿入することになるが，キー値に 15 を加えたキー値集合における中央のキー値は 20 である（**図 1.19** (a)）．そこで，20 をキー値とするエントリを親ノード N_{11} に挿入し，ノード N_{21} と新たに作成したノード N_{new} をその左右の子ノードとする（図 1.19 (b)）．

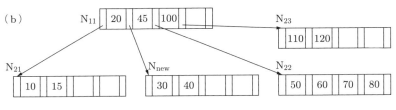

図 1.19　B 木への挿入（分割）

(4) 削除

B 木の削除処理の主処理を**アルゴリズム 1.7** に示し，実際に削除を行う処理を**アルゴリズム 1.8** に示す．

アルゴリズム 1.7　B 木に対する削除（主処理）

```
Algorithm Delete
  Input:
    R: B木（の部分木）の根ノード, K: 削除するキー
  Method:
    D0  N = Kを含むノード
    D1  if(Nが葉ノード) then
          NからKを削除する (Del(N, K)).
    D2  else  //【Nが葉以外のノードなら，KをKの直前(または直後)のキーにする】
          L = Kの直前（または直後）のキーKnを含む葉ノード
          NのKをLのKnとする (N.K = L.Kn).
          LからKnを削除する (Del(L, Kn)).
```

24　第1章　マルチメディアデータ工学の基礎

```
        endif
    End
```

アルゴリズム 1.8　B木に対する削除（実処理）

```
Algorithm Del
  Input:
    N: Kを削除するノード, K: 削除するキー
  Method:
    E1   if(Nにd+1個以上のエントリがある) then
             NからKをもつエントリEを削除する.
    E2   else if(Nの兄弟ノードにd+1個以上のエントリがある)  //【再配分する】
             B = 空きのある兄弟ノード
             E' = Nの親ノードにおいてNとBを左右の子とするエントリ
             NとE'とBにより再配分する
    E3   else  //【兄弟ノードにも余裕がない】
    E31    if(Nが根ノードでない) then  //【Nを兄弟のどちらかと併合する】
             B = 兄弟ノードのどちらか
             E' = Nの親ノードにおいてNとBを左右の子とするエントリ
             NとE'とBを併合して一つのノードN（かB）にする.
             B（かN）を削除する.
             親ノードからE'を削除する (del(Nの親ノード, E'.key)).
    E32    else  //【Nは根ノード】
    E321     if(Nに2個以上のキーがある)
               NからKをもつエントリEを削除する.
    E322     else  //【Nにキーが1個しかないならば，木の高さを減らす】
               Nの子ノードを新しい根ノードとする.
               Nを削除する.
             endif
           endif
         endif
  End
```

　B木からのデータの削除では，挿入と同様に，まず，エントリを削除するノードを探索する（D0）．そして，このノードが葉ノードか葉以外のノードかによって処理が異なる．ノードが葉ノードの場合（D1）は，そのノードからのデータの削除を依頼する．ノードが葉以外のノードの場合（D2）は，削除するデータの直前または直後のデータを，削除するデータの場所に移動する．削除するデータの直前（直後）のデータとは，削除するデータの前（後）の子へのポインタに連なる部分木の最右（最左）のポインタをたどって行き着くノードLの最大（最小）のデータである．そのデータ D_n を削除するデータの場所に移動し，ノードLからデータ D_n を削除する.

ノードへのエントリの削除も，挿入と同様に，(1) 当該ノードに余裕がある場合，(2) 当該ノードには余裕がないが兄弟ノードに余裕がある場合，(3) 当該ノードにも兄弟ノードにも余裕がない場合の3通りに分けられる．

(1) の場合は，当該ノードNからデータを削除すればよい（**E1**）．

(2) の場合は，当該ノードNと兄弟ノードBをもとに再配分を行う（**E2**）．ノードNとノードBの親ノードPにおいて，ノードNとノードBを左右の子とするエントリをE'とする．以降，ノードBは兄ノードとして説明する．ノードN中のエントリE_{N_i}とE'，およびノードB中のエントリE_{B_j}をキー値でソートし，中央のキー値をもつエントリE''を求める．E''をE'の代わりとし，E''のキー値よりも小さいキー値をもつエントリをノードNのエントリとし，E''のキー値よりも大きいキー値をもつエントリをノードBのエントリとする．以上により，再配分が終了する．ノードBが弟ノードの場合も同様の手続きで再配分できる．

この例として，図1.17のB木からキー値110のデータを削除する場合を説明する．この場合，ノードN_{22}がノードN，ノードN_{23}がノードB，ノードN_{11}が親ノードPであり，N_{11}中のキー値100のエントリがE'である．これらのキー値を図1.20(a)に示す．これらを整列させると図1.20(b)となり，中央のキー値は80である．そこで，E'のキー値を80とし，ノードN_{22}はそれより小さいキー値（60と70）をもつエントリのみとし，ノードN_{23}は80より大きいキー値（100と120）をもつエントリを格納する．この結果，図1.17のB木は図1.20(c)となる．

(3) の場合は，当該ノードNと兄弟ノードのどちらかのノードBを併合する（**E3**）．この場合，ノードNには，$d-1$個（dは次数）のエントリが含まれており，ノードBにはd個のエントリが含まれている．ノードNとノードBの親ノードPにおいて，

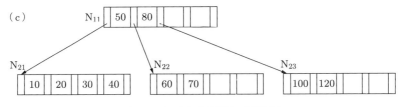

図1.20　B木からの削除（再配分）

ノード N とノード B を左右の子とするエントリを E' とすると，ノード N 中のエントリとノード B 中のエントリ，およびエントリ E' で合計 $2d$ 個のエントリが存在する．これらのエントリをノード N かノード B に格納し，もう一方のノードは削除する．そして，親ノード P からエントリ E' を削除する（**E31**）．ただし，ノード N が根ノードの場合（**E32**）は別の処理になる．ノード N に 2 個以上のエントリがある場合は単純にデータを削除すればよい（**E321**）．ノード N のエントリが 1 個のみの場合は，残っている子へのポインタに連なるノードを新しい根ノードとする．これにより，木の高さが 1 減ることになる（**E322**）．

この例として，図 1.20 (c) の B 木からキー値 100 のデータを削除する場合を説明する．ノード N_{22} がノード N，ノード N_{23} がノード B，N_{11} が親ノード P であり，N_{11} 中のキー値 80 のエントリが E' である．これらのキー値は**図 1.21** (a) に示すとおりである．そこで，ノード N_{22} に，E' のキー値 80 のエントリとノード N_{23} 中のキー値（120）のエントリを移動させる．そして，ノード N_{23} を削除し，エントリ E' を親ノード N_{11} から削除する．この結果，図 1.20 (c) の B 木は図 1.21 (b) となる．

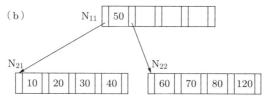

図 1.21　B 木からの削除（併合）

1.3.3　B$^+$ 木

B$^+$ 木（B$^+$-tree）は，B 木において順次検索が可能となるようにした索引構造である．2 次の B$^+$ 木の例を**図 1.22** に示す．

B$^+$ 木と B 木とのおもな違いを以下に示す．

- B$^+$ 木は，葉以外のノードを含む**索引部**と，葉ノードを含む**シーケンスセット**から構成される．索引部は B 木と同様である．シーケンスセットは，葉ノードを線形リストとして連結した構造をしており，このリストをたどることにより順次検索が可能である．
- B 木のノードのエントリは，組（キー値，データ）である．これに対し，B$^+$ 木で

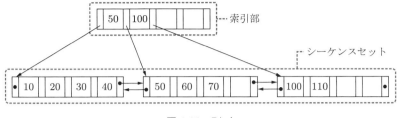

図 1.22 B$^+$木

は, 索引部の (葉以外の) ノードはキー値のみであり, 葉ノードは組 (キー値, データ) である. したがって, B$^+$木の索引部のノードではエントリ長がB木と比べて短くなり, ノードサイズが同じ場合は多くのエントリをもつことができる. つまり, 子ノードへのポインタを多くもてることになり, B木と比較して多くの子ノードをもつことができる. この結果, B$^+$木はB木と比較して木の高さを低くすることができる.

- 索引部にはデータが格納されていないので, 索引部でキーが発見されても, 葉ノードまで探索を続けなければならない.

1.3.4 トライ

トライ(trie) は, 文字列の集合の管理に適したデータ構造で, 文字列を先頭から順次, 文字の種類ごとにふるい分けていくものである. トライの例を**図 1.23**に示す. このようにトライでは, 文字列を構成する文字をリンクのラベルとして文字列を管理する. 各ノードには, 該当する文字列が確定した時点で, その文字列が格納される. すなわち, 管理する文字列集合 T の中の文字列 S が, 根ノードからあるノード N に至るまでのリンクに付けられた文字をつなげてできる文字列 L で識別できるときに, ノード N に文字列 S を格納する.

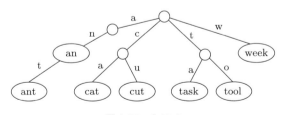

図 1.23 トライ

(1) 検索

トライの検索は単純である. 探したい文字列 S の先頭の文字から順番にトライのリンクのラベルと比較していき, 文字列 S の最後にたどり着くか, または, それ以上リ

ンクがない場合に，そのノードに格納されている文字列が探索文字列 S と等しいか比較し，等しければ見つかったということになる．そのノードに文字列が格納されていない場合も同じ手続きで判定可能である．

(2) 挿入

文字列 S を格納する場合，検索と同様に文字列 S を探索する．文字列 S が格納されている可能性のあるノードNにたどり着いたとする．ノードNに文字列が格納されていなければ，文字列 S を格納して終了する．ノードNに文字列 P がすでに格納されている場合は，その先に部分木 W を作成してノードNに連結する．この場合，文字列 S は HCS' という構造になっており，文字列 P は HCP' という構造になっている．ここで，H はノードNに至るまでの文字列であり，C は H 以降の文字列 P との共通の文字列であり，S' と P' は，それぞれ S の残りの文字列と P の残りの文字列である．ここで，C，S'，P' は空文字列のこともある．部分木 W は，文字列 S と文字列 P の共通文字列 C に相当するリスト（リンクとそれに連結するノード）を作成する．この最終のノードをTとする．S' が空文字列の場合は，ノードTに文字列 S' を格納する．S' が空文字列でない場合は，その先に，S' の先頭文字をラベルとするリンクを作り，文字列 S を格納したノードを作成する．P' についても同様のことをする．

たとえば，図 1.23 に「weather」を挿入すると**図 1.24** となる．ここで，H は「w」，C は「e」，S' は「a」，P' は「e」である．つまり，もともと「week」がリンク「w」の先のノードに格納されており，この「w」以外で「week」と「weather」に共通なのは2文字目の「e」であり，3文字目で区別できるということである．

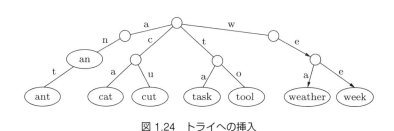

図 1.24　トライへの挿入

(3) 削除

文字列 S の削除は，文字列 S を検索し，文字列 S が格納されているノードNから文字列 S を削除する．そして，先へのリンクがなく，かつ，文字列が格納されていないノードを削除するという処理を，ノードNから始めて親へと処理が可能な限り続ける．

たとえば，図 1.24 の「week」を削除すると**図 1.25** となる．つまり，先頭が「w」の文字列は「weather」のみであるので，根ノードからリンク「w」でつながるノードに

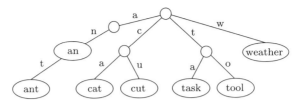

図 1.25　トライからの削除

「weather」が格納されるように修正されるのである.

(4) 特徴

トライの各ノードから出るリンクの数は，管理する文字列を構成する文字の種類の数だけあれば十分である．

また，トライでは，文字列の検索は，文字列を構成する文字の照合をするだけなので，検索時間は文字列の長さで決まる．したがって，トライの大きさ（高さ）には依存しない．つまり，どんなに多くの文字列を管理していたとしても，検索時間は文字列の長さにのみ依存する．これは辞書を構成する場合に大きな利点となる．通常，辞書には何万個もの単語が登録されるが，辞書の構成にトライを使用すると，登録単語数に関係なく文字列長のみで検索時間が決定される．登録単語数が多いからといって検索速度が遅くなるわけではないので，大規模の辞書にとっては大きなメリットである．

1.3.5　ハッシュ法

ハッシュ法（hash method）は，キー値から**ハッシュ関数**（hash function）とよぶ関数を用いて表における格納場所を求めることにより，データを管理する手法である．このデータを格納する表を**ハッシュ表**（hash table）という．また，ハッシュ関数により求められる値を**ハッシュ値**（hash value）という．

ハッシュ表の例を図 1.26 に示す．ここでは，キー値として都市名を格納している．「Himeji」のハッシュ値が 0，「Kyoto」のハッシュ値が 1 という例で，それぞれの場所に都市名が格納されている．

ハッシュ関数としては，たとえば，キー値の文字列の文字の文字コードの和を求め，それをハッシュ表のサイズ M で割った余りとする方法がある．キー値の文字列の文字の文字コードの和が 534 で M が 13 の場合，ハッシュ値は 1 である．そこで，このキー値とデータをハッシュ表の 2 番地に格納する．また，検索時は，得られたハッシュ値に相当するハッシュ表の番地に所望のデータが存在するかをチェックする．ほかの方法と異なり，探索することなく 1 度の検査でデータの有無を調べることが可能である．

図 1.26 ハッシュ表

ハッシュ法の問題は，異なるキー値が同じハッシュ値をもつ場合があることである．これを**衝突**（collision）とよぶ．

衝突を回避する手法としては，**オープンアドレス指定法**（open addressing）という方法と**直接チェイニング法**（direct chaining）という方法がある．

オープンアドレス指定法では，ハッシュ値に対応する番地にすでにデータが格納されている場合，増分を求める関数 inc() で求めた値だけ進んだ場所にデータを格納する方法である．増分としては 1 を使用することが多い．検索時も，ハッシュ値に対応する番地だけではなく，増分 inc() の場所にもデータがないかを確認する必要がある．オープンアドレス指定法の場合，キー値が連続して格納されることが多くなる．キー値が連続している部分は**クラスター**（cluster）とよばれる．inc() が 1 の場合は，クラスターの最後までキー値が存在するかを確認する必要があるので，クラスターが大きくなると検索効率が悪くなる．

直接チェイニング法では，同じハッシュ値をもつキー値を連結リストで連結しておく．キー値を一つひとつ連結することもあるが，いくつかのキー値を格納する**バケット**（bucket）を連結することもある．同じハッシュ値をもつキー値の個数分リストをたどる必要があるので，衝突の個数が多くなると検索効率が悪くなる．

ハッシュ法では，ハッシュ関数のよし悪しが性能を左右する．一般に，よいハッシュ関数とは，(1) 計算が容易であり，(2) ハッシュ値に偏りがないものである．ハッシュ値に偏りがないというのは，衝突の頻度を下げるためである．

また，通常のハッシュ法には，ハッシュ表のサイズをあらかじめ決めておかなければならないという問題もある．想定量以上のデータは格納できないか，著しく検索性能が劣化してしまうのである．この問題は，**線形ハッシュ法**（linear hash method）や**拡張可能ハッシュ法**（extendible hash method）などの動的ハッシュ法で解決され

ている．線形ハッシュ法では，ある番地のバケットにあふれが生じた場合，分割ポインタのある番地のバケットを分割し，現在のハッシュ表の最後に追加し，半分のデータを追加したバケットに移動していくことであふれに対処する．一方，拡張可能ハッシュ法では，ハッシュ表はバケットを指すディレクトリとなる．ディレクトリの深さとバケットの深さをもち，バケットの深さがディレクトリの深さよりも深くなった場合に，ディレクトリサイズを2倍に拡張する．これにより，より多くのバケットを保持することを可能としている．

1.3.6 シグネチャファイル

シグネチャファイル（signature file）は，重ね合わせ符号（superimposed code）法の一つであり，テキスト検索によく利用される．シグネチャ（signature）とよぶ固定長のビット列を使用して高速に検索を行う方法である．

テキスト格納時に，テキストからキーワード等を利用してテキストシグネチャを作成する．通常，キーワードにビット列を割り当てておく．たとえば，「データベース」を10001000と表し，「マルチメディア」を11000000と表し，「情報検索」を10100000と表すといった具合である．そして，テキストに「データベース」と「マルチメディア」という語が含まれていたならば，それらを表すビット列のビットごとの論理和をとり，テキストシグネチャとする．この場合は，$10001000 + 11000000 = 11001000$である．このテキストシグネチャを，もととなったテキストと関連付けてファイルに格納しておく．

検索時も，テキストシグネチャと同様にして，問い合わせシグネチャを作成する．たとえば，「データベース」と「マルチメディア」というキーワードで検索する場合，問い合わせシグネチャは11001000となる．そして，問い合わせシグネチャのビットと等しいか，または，包含するテキストシグネチャを求め，そのテキストシグネチャと関連付いているテキストを検索結果候補とする．

ビット列の判定のみで検索処理が行われるので，高速な検索が可能である．検索漏れはないが，誤検索が生じる．たとえば，上記の問い合わせシグネチャ11001000の場合，本来のキーワードではない01001000をもつキーワードも検索結果に含まれてしまう．検索性能は，シグネチャのビット数と，そのうち1とするビット数に依存する．上記の例では，シグネチャは8ビットで，二つの1を立てている．シグネチャのビット数が多くなると検索に時間がかかり，データ容量も多くなる．シグネチャのビット数を少なくしながら多くのキーワードを扱うためには，1とするビット数を増やす方法があるが，1とするビット数を増やすと同一のビットが1となるキーワードが多くなり，誤検索が増加してしまう．

1.4 トランザクション，同時実行制御

1.4.1 トランザクション

一般に，データベースは不特定多数の利用者から同時並行的にアクセスを受ける．このとき，各利用者はデータの変更や追加，削除といったデータベース操作をそれぞれ行うので，それらを単に受け付け順に処理するだけでは，データベースに不整合が生じる可能性がある．また，何らかの理由で操作を中断してしまった場合にも，同様に不整合が生じる可能性がある．

例として，銀行口座Aから別の銀行口座Bに1万円の振り込みを行う場合を考えよう．これは，次のように四つの処理で行われるとする．

(1) 口座Aの残高参照（問い合わせ処理）
(2) 口座Aの残高が1万円以上であれば，口座Aの残高を1万円減らす（更新処理）
(3) 口座Bの残高参照（問い合わせ処理）
(4) 口座Bの残高を1万円増やす（更新処理）

ここで，(1) → (2) の間に，口座Aでの入出金などの別の更新処理の割り込みがあると，口座Aの残高が1万円未満であるのに振り込みが行われてしまったり，入出金による口座Aの残高変更が反映されなかったりする可能性が生じる．また，何らかの理由で(2)～(4)の間で中断されると，データ全体から1万円分の金額が失われてしまうことになる．

このように，データベースを操作する際には，整合性を保つために複数の処理をひとまとまりとして扱わなければいけない場合がある．この，ひとまとまりの処理を構成するデータベース操作の列を**トランザクション**（transaction）という．上記の銀行振り込みの例でいうと，処理(1)～(4)の四つのデータベース操作がトランザクションを構成する．

ただし，トランザクションについて考える場合は，これを読み出し（READ）と書き込み（WRITE）という二つの基本操作の組み合わせで表すことが多い．この組み合わせは，トランザクションを構成する処理が，どのようにデータベースにアクセスするかによってそれぞれ異なる．たとえば，問い合わせ処理はデータベースからデータを読み出して条件に一致するデータを探すという読み出し操作であるが，該当するデータが一つのブロックに格納されていてそのブロックのみ読み出す場合と，いくつかのブロックに分けて読み出す場合では異なる．前者では1回の読み出し操作として表され，後者ではブロックの個数分の読み出し操作として表される．

トランザクションには，次の四つの特性がある．

1.4 トランザクション，同時実行制御 　33

- **原子性**（atomicity）：トランザクションは，すべて行われるか，まったく行われ
  ないかのどちらかで，途中で終了するということはない．これ以上分解できない
  という特性である．
- **一貫性**（consistency）：トランザクションは，データベースを一貫性のある状態
  から一貫性のある状態へと遷移させる．
- **隔離性**（isolation）：トランザクションは，ほかのトランザクションの影響を受け
  ることはない．
- **耐性**（durability）：いったん正常終了したトランザクションのデータは，何があっ
  てもなくなることはない．耐久性ということもある．

これらは，頭文字をとって ACID 特性とよばれる．

1.4.2 スケジュール

トランザクションを構成するデータベース操作を並べてできるデータベース操作の
列を，**スケジュール**（schedule）という．ただし，一つのトランザクション内のデー
タベース操作の順序は保持されなければならない．データ項目 X に対するトランザク
ション i の読み出しと書き込みを，それぞれ，$R_i(X)$，$W_i(X)$ と書くことにする．こ
こで，二つのトランザクション

$$T_1 = R_1(A)R_1(B)$$
$$T_2 = R_2(A)W_2(A)R_2(B)W_2(B)$$

を考える．すなわち，T_1 はデータ A，B を順次読み出す処理で，T_2 はデータ A に対
する読み出し → データ A に対する書き込み → データ B に対する読み出し → データ
B に対する書き込みという処理である．T_2 は，ちょうど前項で述べた銀行振り込みの
例にあたる．T_1 は，たとえば口座の金額をチェックして，異常がないか調べる処理な
どにあたる．明らかに，トランザクション T_1 と T_2 はスケジュールでもあるが，この
とき，次の二つの処理もスケジュールである．

$$S_1 = R_1(A)R_2(A)W_2(A)R_1(B)R_2(B)W_2(B)$$
$$S_2 = R_2(A)W_2(A)R_1(A)R_1(B)R_2(B)W_2(B)$$

S_1 では，T_1 が読み出すデータの値は T_2 が読み出すデータの値と同じであり，T_2 に
よって書き込みが行われる前の値であるので問題は生じない．しかし，S_2 では，T_1 が
読み出すデータ A の値は T_2 が書き込みを行った後の値であり，T_1 が読み出すデータ B
の値は T_2 が書き込みを行う前の値である．したがって，たとえば口座の金額チェッ
クの例でいうと，T_2 では変化しないはずの「口座 A，B の金額の和」が変わってしま

34 第1章 マルチメディアデータ工学の基礎

い，異常が生じていると判断されてしまう可能性がある．

トランザクションごとにデータベース操作を並べてできるスケジュールを**直列スケジュール**（serial schedule）という．前述の例の場合，$T_1 T_2$ の順にデータベース操作を並べた

$$S_3 = T_1 T_2 = R_1(A)R_1(B)R_2(A)W_2(A)R_2(B)W_2(B)$$

と，$T_2 T_1$ の順に並べた

$$S_4 = T_2 T_1 = R_2(A)W_2(A)R_2(B)W_2(B)R_1(A)R_1(B)$$

が直列スケジュールである．直列スケジュールは，トランザクションを逐次的に処理するので，処理の結果は正しくなる．

直列スケジュール以外のスケジュールは，正しい結果になるという保証はない．正しい結果にならないことがあるのは，スケジュールに，次の3条件にあてはまる二つの操作が含まれる場合である．

(1) それぞれ異なるトランザクションに属する．

(2) 同一のデータに対する操作である．

(3) 少なくともどちらか一方が書き込みである．

このとき，これらの操作を競合する操作という．たとえば，データ項目 A に対して，T_1 が読み出し（$R_1(A)$）を行い，T_2 が書き込み（$W_2(A)$）を行う場合である．このとき，$R_1(A)$ と $W_2(A)$ は競合する操作である．

$R_1(A)$ と $W_2(A)$ の実行順序によって結果が異なるので，$R_1(A)$ と $W_2(A)$ の実行順序を変えることはできない．二つのスケジュールにおいて，すべての競合する操作の順序が同じ場合はその二つのスケジュールの実行結果は同じになるので，この二つのスケジュールは同等とみなせる．二つのスケジュールが，競合操作に関して同等であるとき，競合等価であるという．逆にいうと，競合する操作でない二つの操作の順序を変えても問題ない．したがって，競合しない操作の順序を入れ替えて二つのスケジュールの操作の順序を同じにできれば，その二つのスケジュールは同等とみなせるので，競合等価である．

あるスケジュールが直列スケジュールと競合等価のとき，そのスケジュールは**競合直列化可能**（serializable）であるという．たとえば，S_1 において，競合する操作は次のような順で出現している．

$$S_1 = R_1(A)\,R_2(A)\,\underline{W_2(A)}\,R_1(B)\,R_2(B)\,\underline{W_2(B)}$$

競合

直列スケジュールである $S_3 = T_1 T_2$ でも，次のように，これらは S_1 と同じ順で出

現している.

$$S_3 = T_1 T_2 = R_1(A) \quad R_1(B) \, R_2(A) W_2(A) R_2(B) W_2(B)$$

したがって，S_1 と $T_1 T_2$ は競合等価である．これは次のようにも考えられる．S_1 において，$R_1(B)$ は，その前の T_2 の操作である $W_2(A)$ と $R_2(A)$ と操作対象が異なり競合しないので，$R_1(B)$ をこれらの前に移動させることができる．すると，

$$
\begin{aligned}
S_1 &= R_1(A) \, R_2(A) W_2(A) \, R_1(B) \, R_2(B) W_2(B) \\
&= R_1(A) R_1(B) R_2(A) W_2(A) R_2(B) W_2(B) \\
&= T_1 T_2
\end{aligned}
$$

となり，直列スケジュール $T_1 T_2$ と同じになる．したがって，S_1 と $T_1 T_2$ は競合等価である．このように，S_1 は直列スケジュール（の一つ）と競合等価であるので，競合直列化可能である．一方，$S_2 = R_2(A) W_2(A) R_1(A) R_1(B) R_2(B) W_2(B)$ では，競合する操作が $W_2(A) \to R_1(A)$，ならびに，$R_1(B) \to W_2(B)$ の順で出現するが，両方の順序が同じものは $T_1 T_2$ にも $T_2 T_1$ にもない．したがって，S_2 は $T_1 T_2$ とも $T_2 T_1$ とも競合等価ではないので，S_2 は直列化可能ではない．

　トランザクションの完了後に，その更新内容をシステムで承認して確定することを**コミット**（commit）という．また，トランザクションをコミットせず，データベースに加えられた変更を取り消して，変更前の状態に戻すことを**ロールバック**（rollback）とよぶ．システムがトランザクションを強制的に終了させることがあり，これを，システムがトランザクションを**アボート**（abort）するという．トランザクションがアボートされると，そのトランザクションはロールバックされる．あるデータ項目 A に対して，トランザクション j が書き込みを行い（$W_j(A)$），その値をトランザクション i が読み込みを行う（$R_i(A)$）場合を考えよう．トランザクション j がコミットする前にトランザクション i がコミットしてしまうと，トランザクション j がロールバックした場合にトランザクション i はアボートされロールバックしなければならないが，コミットしてしまっているのでロールバックできず，もとの状態に回復できない．しかし，トランザクション i がコミットする前にトランザクション j がコミットしていれば，トランザクション i を取り消してもとに戻すことができる．このとき，トランザクション i は**回復可能**（recoverable）であるという．

　競合直列化可能性，回復可能性のほかに，ビュー直列化可能性，**連鎖アボート**（cascade abort）の回避，**厳格性**（strictness）などの概念があるが，これらについては他書を

36　第1章　マルチメディアデータ工学の基礎

参考にされたい.

1.4.3　同時実行制御法

　スケジュールが直列化可能であることを検査できればよいのであるが,実際には,トランザクションが終了する前に次々と別のトランザクションが生成されるので,スケジュールを生成して検査することは困難である.そこで,ある一定の規則に基づいて操作を行うと必ず直列化可能スケジュールとなることが保証されている方法が採用されている.これが同時実行制御法で,代表的なものに次の三つの手法がある.

(1)　2相ロッキングプロトコル

　スケジュールを直列化するもっとも簡単な方法は,トランザクションによるデータベースへのアクセスを,先着順に制限することである.たとえば,機密情報を収めた部屋に鍵をかけて立ち入りを制限し,必ず1人ずつしか部屋に入れないようにすれば,複数の人間が同時に情報を操作することが避けられるようなものである.このような方法を,鍵になぞらえて**ロック**(lock)という.トランザクションによるデータベース操作が発生した時点でロックをかけ,そのトランザクションが終了するまで,それ以外のトランザクションがデータベースを操作できないようにする.これによりトランザクションの競合が避けられる.

　しかし,これだとデータベースを操作できるトランザクションがつねに一つに限られ,非効率的である.そこで,**2相ロッキングプロトコル**(two phase locking protocol)とよばれる方法がよく用いられる.この方法の特徴は,トランザクションの状態を,**施錠**(lock)のみできる**成長相**(growing phase)と,**解錠**(unlock)のみできる**縮退相**(shrinking phase)の二つの相に分けることにある.トランザクションは,最初は成長相の状態にあり,データベースを構成する要素(これをリソース(資源)という)を個々に施錠しながら,データベース操作を行っていく.たとえば関係モデルのデータベースであれば,フィールド,タプル,ページ,テーブルなどの単位でロックをかける.いわば,部屋に鍵をかけるのではなく,棚や書類ごとに鍵をかけるようなものである.施錠されたリソースは,そのほかのトランザクションからのアクセスが制限される.そして,いったん解錠が発生すると,トランザクションは縮退相に移行し,それ以降は施錠ができず,解錠のみが可能となる.これにより,複数のトランザクションを並行処理することができ,同時実行性が向上する.

　なお,ロックには**共有ロック**(shared lock)と**専有ロック**(exclusive lock)という種類を設けてさらに同時実行性を向上する手法がとられる.共有ロックは,読み込み操作を行うときにかけるロックでREADロックともよばれ,ほかのトランザクショ

ンは読み込みができるが書き込みができないというものである．専有ロックは，書き込み操作を行うときにかけるロックでWRITEロックともよばれ，ほかのトランザクションによる読み込み・書き込みができないものである．

ロックをかける単位を**粒度**（granularity）という．ロックの粒度が細かいと同時実行性は向上するが，制御に必要な処理の負担が大きくなる．逆に，粒度が粗いと制御の負担は小さくなるが，同時実行性が低くなる．

2相ロッキングプロトコルでは，スケジュールは必ず直列化可能となることが保証される（証明は他書を参照されたい）．ただし，ロックを用いる方法に共通する欠点として，デッドロックの問題がある．デッドロックとは，たとえば二つのトランザクションが，互いに相手がロックしているリソースを必要としたまま，すくみ状態に陥って処理が進まなくなるものである．これに対しては，デッドロックに関与しているトランザクションの一つをアボートし，デッドロックを解消する手法などがとられる．

(2) 時刻印順序法

時刻印順序法（timestamp ordering）は，**時刻印**（timestamp）とよばれる，トランザクションの開始時刻や，データ項目が読み書きされた時刻を表す値を用いて制御する方法である．トランザクションには，その開始時刻の時刻印が付与される．また，各データ項目は，それらが最後に読み出しを受けた時刻の時刻印 RTS（read timestamp），および最後に書き込みを受けた時刻の時刻印 WTS（write timestamp）を保持する．

トランザクション T の時刻印を $TS(T)$，データ項目 X の RTS と WTS をそれぞれ $RTS(X)$，$WTS(X)$ と表す．ここで，トランザクション T がデータ項目 X を読み出そうとしたとき，$TS(T) < WTS(X)$ であったとする．これはすなわち，トランザクション T より後に開始された別のトランザクションによってデータ項目 X がすでに書き込みを受けたということであるから，データ項目 X はトランザクション T が読み出そうとしていた値ではない可能性がある．したがって，トランザクション T がアボートされる．そうでなければ，読み出しを実行し，$RTS(X)$ の値を，$RTS(X) = \max(RTS(X), TS(T))$ として更新する．

同様に，トランザクション T がデータ項目 X に書き込もうとするとき，$TS(T) < RTS(X)$ ならば，別のトランザクションによってデータ項目 X が読み出しを受けたということである．したがって，トランザクション T がアボートされる．そうでなく（$TS(T) \geq RTS(X)$），かつ $TS(T) \geq WTS(X)$ の場合は，書き込みを実行し，$WTS(X)$ の値を $WTS(X) = TS(T)$ として更新する．また，$TS(T) \geq RTS(X)$ かつ $TS(T) < WTS(X)$ の場合は，書き込もうとしている値が後発のトランザクションによってすでに書き込まれているということであるので，値を書き込まず，正常終了と

する.

このように，時刻印順序法では，トランザクション T は後行のトランザクションに追い抜かれるとアボートされることになる.

(3) 楽観的制御法

楽観的制御法（optimistic concurrency control）は，あまり競合が発生しないという状況で使用される．楽観的制御法では，通常の処理はロック等を行わず実行し，トランザクション終了時に競合が発生しているかを検査し，競合が発生していたらロールバックするという方法である．ロックや時刻印を使用する方法と異なり，データベース操作ごとに検査をする必要がなく，同時実行制御のオーバーヘッドを少なくできる.

演習問題

1.1 データモデルを規定する三つの要素を述べよ.

1.2 データモデルの二つの役割を述べよ.

1.3 ブラウジング，ナビゲーション，問い合わせの利点と欠点を述べよ.

1.4 キーワードの利点と欠点を述べよ.

1.5 2分探索木と B 木の特徴を比較せよ.

1.6 2分探索木を用いた検索の最良の時間計算量と最悪の時間計算量を求めよ.

1.7 以下の索引構造を用いた検索の時間計算量を求めよ.

(1) B 木　(2) トライ　(3) ハッシュ法

第2章 マルチメディアデータ

マルチメディア（multimedia）は，日本語では複合媒体とも訳され，映像や音声を含む様々な情報をひとまとめにして扱うことを指す．計算機（コンピュータ）が登場するまでは，一般に情報の種類ごとに記録・伝達媒体が異なっていた．たとえば，書籍などの文字情報であれば印刷物が，写真などの画像情報であればフィルムが，音楽などの音声情報であれば磁気テープやレコード盤が用いられていた．ところが，計算機が発明され，その性能が向上したことで，これら媒体が異なる情報を，すべてディジタルデータとして記録・伝達することができるようになった．

ディジタルデータ自体は，形式的には0と1からなる単なるビット列にすぎない．そのためマルチメディアデータでは，従来のようなデータそのものを対象とした検索があまり意味をなさず，もとの情報の特徴量や意味内容を反映した適切な索引付けが必要となることは前章で述べた．索引としてどのような特徴量を用いるのがよいかは，それぞれデータがどのように表現され，利用されるかということと密接な関係がある．本章では，マルチメディアデータとしてテキスト，音，画像，動画，ならびにグラフィックスを取り上げ，それらの表現方法を概説するとともに，検索に用いられる代表的な特徴量について述べる．マルチメディアデータの意味内容を表現する方法については，第3章で説明する．

2.1 テキスト

2.1.1 テキストの表現と半構造データ

テキスト（text）は文字の列である．情報の伝達手段としてはもっとも標準的に用いられる．通常，比較的短い文字の列は文字列といい，テキストは比較的長い文字の列を指すことが多い．次のような特徴をもつ．

- 用いられる言語に依存する：
    日本語のテキストデータは，日本語を理解できない利用者にとっては単なる意味不明な文字の羅列である．また，日本語の文字コードに対応していないコンピュータでも，同様に意味不明な文字列となる（文字化け）．このように，利用者および利用環境がその言語に対応していることが前提となる．

40　第2章　マルチメディアデータ

● 多層的な構造をもつ：

　　通常，テキストは様々な構造をもつ．まず，もっとも小さな構造の単位として，文字の組み合わせからなる単語がある．単語は，文法に従って組み合わされて文となり，意味的な構造をもつ．さらに，この文が組み合わされて文章となると，文脈的な構造をもつようにもなる．また，文章は改行を区切りとして段落というまとまりを構成し，さらにこれらが章・節・項といったまとまりを構成して，文書構造をもつこともある．

　　一般に，意味構造は用いられる言語に依存するが，文脈構造や文書構造は言語にそれほど依存しない．ただし，文脈構造は文化的な影響を受けることがあり，これは意味内容表現において課題となる．

このように，テキストデータは計算機で扱ううえでは汎用性に欠ける面がある．これを補う方法として，意味や構造を**タグ**（tag）とよばれる文字列で表現する**半構造データ**（semistructured data）がある．ウェブページ記述言語の HTML や，自由なタグを可能にした XML，組版処理システムの LaTeX などがこの例である．たとえば HTML は，タグによって文書構造を表現し，それに従ってウェブページを表示する．XML は，ある程度の意味構造を表現することができる．

　XML 文書の例を**表2.1**に示す．番号 1001 の学生は氏名「Tanaka Ichiro」で，学年が 1 年生，住所が京都市であること，番号 1002 の学生は氏名「Yamada Hanako」で，学年が 1 年生，住所が大阪市であることが，student や name，grade などのタグによって表現されている．XML では，これらのタグは自由に付けることができる

表2.1　XML 文書

```
<?xml version="1.0"?>
<students>
    <student sno="1001">
        <name>
            <first_name>Ichiro</first_name>
            <last_name>Tanaka</last_name>
        </name>
        <grade>1</grade>
        <address>Kyoto</address>
    </student>
    <student sno="1002">
        <name>
            <first_name>Hanako</first_name>
            <last_name>Yamada</last_name>
        </name>
        <grade>1</grade>
        <address>Osaka</address>
    </student>
</students>
```

ので，工夫次第でテキストデータの意味も含めた構造を表現できる．

このようなテキストデータから後述のテキストの特徴量を抽出しようとすると，文章の構成要素などを抽出する必要がある．日本語の場合，英語などのように単語が空白で区切られていないので，まず，単語に分解する必要がある．これを行うのが形態素解析である．形態素解析では，文を，文の最小の意味的な構成単位である形態素に分解する．通常，形態素と品詞などの情報を得ることができる．次に，得られた単語の係り受けを行う構文解析が行われる．ここでは複数の係り受け関係が導出される．さらに，意味のある係り受け関係を選択する意味解析が行われる．

2.1.2 テキストの特徴量

テキストの代表的な特徴量としては，次のようなものがある．言語に強く依存するものと，あまり依存しないものがある点に注意する必要がある．

- 文字数・単語数・文数・段落数などのテキストの構成要素の数：

  一般に，数が多いほど情報量が多いデータと考えられるが，平均的な文字数や単語数は用いられる言語に依存するため，複数の言語が混在するデータではあまり意味をなさない．これらとキーワード検索を組み合わせることで，テキストの類似度推定などに利用される．英語のように単語間に明確な区切りがあり，単語によって比較的長さに差がある言語の場合には，単語数のほうが文字数よりも扱いやすい．逆に，日本語のように単語間の区切りが明確でない場合には，文字数のほうが扱いやすい．文数や段落数は，言語にはあまり依存しない．

- カタカナの数や割合：

  カタカナが多い文書には，たとえば，ニューヨークやパリといった外国の地名を含むものがある．当然，これらは，外国のことを記述した文書であることが多い．また，対応する日本語が存在しない単語は，カタカナで表記される場合が多く，これらを含むものは，流行の先端をいく内容の文書であったりする．キーボードなどを含むもののように，コンピュータ関係の文書であることもある．このように，カタカナの出現頻度はテキストの特徴を表すものであるといえる．

- 数字や特殊記号の数や割合：

  理系の専門書，経済関係の文書や事業の提案書では，定量的に値を表現するため，数字や記号が多く含まれることが多い．たとえば，98% の正解率であるという表現や，円とドルの為替レートは 120 円／ドルであるといった表現である．このように，数字や記号の出現頻度がテキストの特徴を表す．

- 語尾の種類と数：

  ぞ，だ，よ，ね等の語尾もテキストの特徴を表す指標である．です・ます調の文

書であるか，である調の文書であるかで文書から受ける印象は大きく異なる．読む人が書いている人よりも目上であるといった書き手と読み手の上下関係を表すこともある．また，丁寧さを示す指標でもある．文書にどのような語尾が使用されているかは，テキストのかなり重要な特徴量である．

- 単語心像性，単語親密度：

たとえば，リンゴという単語からは，リンゴのイメージを容易に思い浮かべることができる．一方，経済という単語から経済のイメージを思い浮かべるのは困難である．このように，単語心像性は，単語から想起されるイメージをどの程度思い浮かべやすいかを示す指標である[2]．イメージを浮かべやすい単語が多い文書は，具体的な内容の文書やわかりやすい内容の文書が多いと考えられる．逆に，イメージを浮かべにくい単語が多い文書は，抽象的な内容の文書や難解な内容の文書であることが多いと考えられる．

単語親密度は，単語にどの程度なじみがあるかを表す指標である[2]．たとえば，ヒントという単語はなじみのある単語であるが，ヒストンという単語は一般にはなじみのない単語である．なじみのある単語の多い文書は，平易でわかりやすい文書であることが多く，なじみのない単語が多い文書は，専門書のように難解な文書であることが多いと考えられる．

2.2 音

2.2.1 音のディジタルデータ化と圧縮

音は，物理的には媒質（通常は空気）の分子の振動が伝わるもので，媒質の密度の高い部分と低い部分が繰り返し伝搬していく波（疎密波）である．とくに，人の話し声を**音声**（voice），歌声を含む楽器などの音を**音楽**（music）とよぶが，その他の**音**（sound）とまとめて，音のデータを**音声データ**（sound data）とよぶこともある．

音の振動は，マイクなどによって電気信号に変換される．もっとも単純な音は，図 2.1(a) のような正弦波信号で表される音で，これを純音という．信号の振幅は音の大きさを表し，振幅が大きいほど音が大きい．また，信号の周波数は音の高さを表し，周波数が高いほど高音になる．この電気信号はアナログ信号であるので，計算機で扱うにはディジタルデータに変換する必要がある．これにはまず，図 (b) のように一定の時間間隔で区切って信号の大きさを取り出す．これを**標本化**（sampling; サンプリング）といい，時間間隔をサンプリング周期，その逆数をサンプリング周波数という．標本化したデータからもとの信号を正しく復元するには，サンプリング周波数を，信号に含まれる周波数成分のうち，もっとも高い周波数の2倍より高くする必要

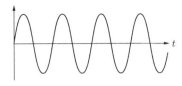

(a) 正弦波信号で表される音(純音)

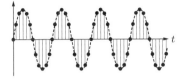

(b) 標本化

図 2.1　音の信号と標本化

がある．これを**サンプリング定理**（sampling theorem）という．人間の可聴周波数の上限はおよそ 20 kHz であるので，通常，ローパスフィルタで信号からそれ以上の周波数成分を取り除いておき，20 kHz の 2 倍 = 40 kHz より高いサンプリング周波数で標本化する．たとえば，音楽 CD で使用されるサンプリング周波数は 44.1 kHz である．

次に，標本化した信号の大きさも有限個のレベルに変換して離散化する．これを**量子化**（quantization）といい，レベルの数は通常 n ビット（2^n 個）にとられる．これを**量子化ビット数**（quantization bit rate）という．離散化した信号の大きさを，各レベルに対応した 0 と 1 からなる符号で表し，ディジタルデータとする．このような信号のディジタル化方式を，**PCM**（pulse code modulation；パルス符号変調）とよぶ．量子化ビット数を高くするほど高音質となるが，データ量も多くなるため，次のような工夫によりデータの圧縮が行われることが多い．

- 人間の知覚特性を利用：

  人間の聴覚は，音の高低すなわち周波数によって，最小可聴限界（聴き取れる最小の音の大きさ）や感度が異なっている．もとの音声信号を周波数領域の信号に分解し，最小可聴限界より小さい成分を取り除くとともに，感度の低い周波数成分は量子化ビット数を低くすることでデータを圧縮する．バンドパスフィルタを用いて音声信号をいくつかの周波数帯域に分割する方法（サブバンド符号化）や，離散コサイン変換などの直交変換を用いる方法（変換符号化）がある．

  また，大きな周波数成分の周辺にある小さな周波数成分は聴き取りにくく（同時マスキング効果），大きな音の直後の小さな音は聴き取りにくい（継時マスキング効果）．これら聴き取りにくい音の量子化ビット数を低くすることでデータを圧縮する．

44　第2章　マルチメディアデータ

- 予測符号化：

　通常，発せられた音はその大きさや高低が連続的に変化するから，ある時点の
サンプリングデータは，それより前のサンプリングデータと相関をもつ．これを
利用して，サンプリングデータの予測を行い，予測値と実際の値の差分を記録す
る．差分は実際の値そのものよりも小さくなるので，少ないビット数で表現でき，
データを圧縮できる．

- エントロピー符号化：

　量子化された信号の各レベルを表す符号のうち，極端に大きい（または小さい）
レベルの符号は，通常あまり出現しないと考えられる．このような出現確率の低
いものに長い符号を割り当て，反対に出現確率の高いものには短い符号を割り当
てることで，全体の符号長を短くでき，データを圧縮できる．

2.2.2　音の表現

　計算機では，前項のようにディジタル化された音声データを用いて音を表現する．
これには音声ファイルフォーマットによる方法と，コードによる方法がある．

(1)　音声ファイルフォーマットによる表現

　ディジタル化された音声データそのものを，サンプリング周波数や量子化ビット数
など，データからもとの信号を復元するのに必要な情報を加えて，特定の形式に従っ
てファイルに格納するものである．代表的な音声ファイルフォーマットには，次のよ
うなものがある．

- WAVE：

　Microsoft と IBM により開発され，おもに Windows で用いられている．通常
は非圧縮のリニア PCM データが格納される．

- MP3：

　MPEG-1 Audio Layer-3 の略である．サブバンド符号化や同時・継時マスキン
グ効果を利用したデータ圧縮が行われている．

(2)　コードによる表現

　音声の素となるデータ（音源）は別に用意しておき，コードによってそれらの組み
合わせなどを指定することで音を表現するものである．音声データそのものは格納し
ないので，データ量を小さくできる．楽器の演奏情報をディジタル信号によって送受
するための通信規約である MIDI（Musical Instrumental Digital Interface）がその
例である．MIDI は，楽器の種類，キー，順序，発音時刻，強さ等の演奏情報を，コー
ドにより表現する．SMF（Standard MIDI File）は MIDI のファイル形式である．

携帯電話の通話音声にも，コードによる表現が用いられている．話者の音声は，端末に保存されたコードブックとよばれるデータベースを用いて，声帯に相当する音源と，声道に相当するフィルタの組み合わせとしてコード化される．受信側端末では，このコードに基づいて通話音声を合成する．

ボーカロイド（VOCALOID）では，入力した歌詞に基づいて音声が合成されるが，これもコードによる表現である．

2.2.3　音の特徴量

先述したように，音は空気の密度変化が波として伝わるものであり，その波形が音を特徴付ける．音波の振幅は音の大きさを，周波数は音の高さを表す．正弦波である純音はこの二つの量だけで一意に特徴付けられるが，実際の音は，様々な周波数成分が様々な大きさで混ざり合っており，複雑な波形を示す．これが音色として現れる．

(1)　音の大きさ

音による空気の密度変化は，空気の圧力変動となって現れる．これを**音圧**（sound pressure）とよび，単位はパスカル [Pa] である．ただし，音の大きさは心理量であり，人間の聴覚は音圧が小さいときは小さな差でも認識できるが，音圧が大きくなるほど大きな差がないと違いを認識できなくなる．このような聴覚特性を考慮して，通常は，人間が聴き取れる音圧の最小値 $p_0 = 2 \times 10^{-5}\,\mathrm{Pa}$ を基準に用いて，対数比で表した値

$$10 \log_{10} \frac{p^2}{p_0^2} = 20 \log_{10} \frac{p}{p_0}$$

で表す．これを**音圧レベル**（sound pressure level）といい，単位はデシベル [dB] である．一般に，音の大きさというと，この音圧レベルが用いられることが多い．さらに，人間の聴覚は，同じ音圧であっても周波数が異なると音の大きさの感じ方が異なる．これを考慮したものが**ラウドネス**（loudness）であり，周波数 1000 Hz，音圧レベル 40 dB の純音の大きさを 1 sone と定義し，人間が感じる音の大きさを単位ソーン [sone] で表す．また，ある音の大きさを，同じ大きさに感じられる周波数 1000 Hz の純音の音圧レベルで表したものを，**ラウドネスレベル**（loudness level）とよぶ．ラウドネスレベルの単位はフォン [phon] である．

(2)　音の高さ

音の高さは，音波の周波数で表される．ただし，実際に発せられる音は，単一の音源であっても通常，複数の周波数成分を含む．たとえば，ギターなどの弦楽器では，指などで弾くことで生じた弦の振動が，周囲の空気に伝わることで音が発生する．このとき生じる振動は，**図 2.2** のような両端を固定された弦に生じる定常波であるが，これには

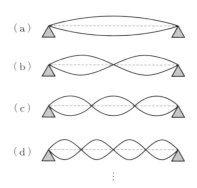

図 2.2 両端を固定された弦に生じる定常波

図のように複数のモードがあり，それぞれに対応した周波数成分の音が発生する．もっとも低次のモードである図 (a) の振動に対応する周波数を**基本周波数**（fundamental frequency）といい，これが音の高さを決める．高次モードの周波数は基本周波数の整数倍となっており，この周波数成分を高調波とよぶ．基本周波数成分の音を基音，高調波の音を倍音ともいう．

(3) 音色

音の質を表す特徴量である．しかし，音の大きさや音の高さと比べて定量化が容易ではない．まず，音の波の形が関係し，弦楽器のように 0 から徐々に大きくなるとか，打楽器のように開始時が最大の大きさであるといった違いがある．また，基音の上にどのように倍音が加わるかによって異なる．

(4) 音響特徴量

以下に，様々な周波数成分を含む音の特徴を表すための音響特徴量を示す．これらは音データの周波数スペクトル情報から求められる特徴量である[3]．

- 平均二乗根（root mean square）：

$$RMS = \sqrt{\frac{1}{N}\sum_{k=1}^{N} x_k^2} \qquad (2.1)$$

信号の平均エネルギーを表し，音の大きさに対応する．x_k は k 番目の信号値を，N は信号値の数を表している．

- 低エネルギーの割合（fraction of low energy）：

閾値以下の平均二乗根の割合のことを表し，音響信号における静かさの割合を表している．

- スペクトル重心（spectral centroid）：

$$C_t = \frac{\sum_{k=1}^{K} M_k k}{\sum_{k=1}^{K} M_k} \tag{2.2}$$

　M_k は，フーリエ変換したときに得られるスペクトルの k 番目の周波数ビン（ヒストグラムの柱）における振幅値を表す．スペクトル重心の値は，スペクトル形状を表す尺度として用いられ，パワースペクトルのスペクトル密度の中点を重心とし，この値が大きければ，より多くの高周波成分を含むため，「明るい」音色をもつことになる．
- スペクトルフラックス（spectral flux）：

$$F_t = \sum_{k=1}^{K} \left(N_k^{(t)} - N_k^{(t-1)} \right)^2 \tag{2.3}$$

　隣り合う区間（t と $t-1$）に対して，フーリエ変換したときに得られるスペクトルの k 番目の周波数ビンの振幅値の二乗誤差で定義される．一般的に，スペクトル分布に対して正規化を行った後に算出される．この特徴量は，局所的なスペクトルの変化量を表している．
- ゼロ交差数（zero crossings）：

$$Z_t = \frac{1}{2} \sum_{k=1}^{N} \left| \text{sign}(x_k) - \text{sign}(x_{k-1}) \right| \tag{2.4}$$

　sign 関数は，正であれば 1 を，負であれば 0 を返す関数であり，x_k は k 番目の信号値を表している．ゼロ交差数を計算することで，音響信号の雑音度（ノイズ）を計測できる．
- スペクトルロールオフ（spectral roll-off）：

$$\sum_{k=1}^{R_i} M_k = t \sum_{k=1}^{K} M_k \tag{2.5}$$

スペクトル分布の全帯域の $t\,[\%]$ を占めている周波数 R_i として定義される．信号のエネルギーがどの程度低周波数に含まれているかを示し，スペクトルの形状を表現する尺度の一つとなる．一般的に，$t = 0.85$ または $t = 0.95$ で計算される．
- メル周波数ケプストラム：

　メル周波数ケプストラム係数（mel-frequency cepstrum coefficient; MFCC）とは，音声波形のスペクトルを人間の聴覚に近い周波数間隔に切り分けてスペク

トル情報を表したものである．一般的に，人の聴覚の周波数分解能は，低い周波数では細かく，高い周波数では粗いことが知られている．これはメル尺度とよばれ，対数に近い非線形の特性を示す．メル尺度の一般変換式は，次式で表される．

$$f_{\mathrm{mel}} = m_0 \log_{10}\left(1 + \frac{f}{f_0}\right) \tag{2.6}$$

MFCC を計算するときは $m_0 = 2595$，$f_0 = 700$ で計算されることが多い．

MFCC の計算方法には様々なものがあり，一般的にフィルタバンクを利用した計算方法を使用する．この方法は，まず，波形データに対して高速フーリエ変換処理を施す．さらに，メル尺度に基づいた L 個の三角窓による帯域フィルタを，求めたスペクトルに掛け合わせる．最後に，フィルタバンクにより得られた L 個の帯域におけるパワースペクトルに対して，次式で表される離散コサイン変換を用いることで，MFCC が得られる．

$$MFCC_i = \sqrt{\frac{2}{N}} \sum_{l=1}^{L} A_l \cos\left\{\left(l - \frac{1}{2}\right)\frac{i\pi}{l}\right\} \tag{2.7}$$

N はフレーム長，A_l は対数フィルタバンクの振幅，i は MFCC の次数である．一般的に，音声音響処理では，MFCC の最大次数は 12 または 13 をとる．

2.3 画像

2.3.1 画像の表現

画像も，計算機で扱ううえではディジタルデータとする必要がある．このディジタル化の方法も，考え方は音の場合と基本的に同じである．対象となる画像を縦横に細かく区切って分割し，各区画における濃淡や色要素などの値を，離散値に変換して量子化する．この画像データの最小単位である各区画のことを**画素**（pixel）という．すなわち，音声データは時間的に分割された 1 次元データであるのに対して，画像データは空間的に分割された 2 次元データとなっている．画素がどのような色情報を表すかによって，二値画像，グレースケール画像，カラー画像に分けられる．画素の密度を**解像度**（resolution）といい，これが高いほど高品質な画像となる．解像度は通常，縦横それぞれの 1 インチあたりの分割数で表され，単位 [dpi]（dots per inch）である．

(1) 二値画像

画素が白と黒の 2 値で表される画像である．1 画素を 1 ビットで表すことができるので，画素数分のビット数で表すことができる．たとえば，横 200 画素，縦 100 画素の画像の場合，合計 20,000 画素であるので，20,000 ビットで表現できる．

(2) 濃淡（グレースケール）画像

　各画素が，n ビットを用いて，2^n 階調（0 から $2^n - 1$）の濃淡が表される画像である．8 ビットで 256 階調，16 ビットで 65,536 階調である．1 画素が 8 ビット（1 バイト）で表された横 200 画素，縦 100 画素の画像のデータ量は 20,000 バイトとなる．

(3) カラー画像

　各画素が，赤（R），緑（G），青（B）のそれぞれに対して n ビットを用いて表される．$2^n \times 2^n \times 2^n = 2^{3n}$ 色が表現できる．$n = 5$ で 32,768 色，$n = 8$ で 16,777,216 色である．フルカラー画像は $n = 8$ の場合である．

　$n = 5$ の場合は，RGB の 3 色で 15 ビットとなるが，扱いを簡単にするために，1 ビットを余らせて 16 ビット（2 バイト）で表される．$n = 8$ の場合は，RGB の 3 色で 24 ビット（3 バイト）となる．最近は，扱いを簡単にするために，1 バイト余らせて 4 バイトとすることも多い．フルカラーで各画素を 3 バイトで表現する横 200 画素，縦 100 画素の画像のデータ量は 60,000 バイトとなる．

　色を表す方法は RGB だけではない．色を表現する方式は表色系とよばれ，用途に応じて様々な方式が採用される．人間の色の感じ方に近い，色相（hue），彩度（saturation），明度（value）で表現する HSV 表色系や，JPEG や MPEG で用いられ，輝度信号（Y）と二つの色差信号（Cb，Cr）で表現する YCbCr 表色系などがある．

2.3.2　画像データの圧縮

　画像は，多数の画素からなるのでデータ量が大きくなり，これを減らす必要がある．ここでも，音声データの圧縮と同様な工夫が行われている．

- ● フレーム内予測：

　　音声データで説明した予測符号化の一種である．画像内の近隣の画素は，同じ画素値や類似の画素値をもつことが多い．そこで，これを利用してデータ量を削減する．近隣（通常は，上と左のどちらかまたは両方）の画素値から当該画素の画素値を予測する．たとえば，上と左の画素値の平均値を予測値とする．そして，予測値と実際の値の差分を記録する．多くの場合，差分が 0 の画素が連続するので，それらをまとめて，差分 0 の画素がいくつ連続するかという数だけを記録することで，さらにデータ量が削減できる．次節で説明する動画は，パラパラ漫画のように画像を次々と表示したものであり，動画を構成する 1 枚の画像のことをフレームという．そのため，この圧縮方法は**フレーム内予測**とよばれる．

- ● 離散コサイン変換による方法：

　　音声データで説明した変換符号化の一種である．離散コサイン変換には，ほかの周波数変換を用いるよりも低周波成分に重要な情報が偏りやすいという特性があ

る．これを利用して，ほとんど信号が現れない高周波成分を削除するという方法である．JPEG や MPEG では，全体の半分の高い周波数成分をカットする．復号側では，カットされた成分は 0 であるとして復号する．これにより，約 1/2 のデータ削減を行う．

そのほか，出現確率の低い画素値に短い符号長を割り当てるエントロピー符号化による圧縮も用いられる．

2.3.3 画像の特徴量

もっとも簡単な特徴量としては，画像をいくつかのブロックに分割し，ブロック内の画素の各表色系での値を平均したものが挙げられる．たとえば，縦に 2 分割，横に 3 分割し，それぞれの R，G，B の値を平均するもので，6 ブロックのそれぞれに 3 色の平均値が求められるので，合計 18 個の特徴量（平均値）を用いることになる．これは，1 枚の画像が 18 次元のベクトルとして表現できるということである（3.2.2 項参照）．したがって，2 枚の画像の相違度（非類似度）を求めるには，二つの 18 次元ベクトルの距離を求めればよい（4.1 節参照）．つまり，2 枚の画像が似ているか似ていないかを判断したり，ある画像にもっとも似ている画像を求めたりする際に利用できるのである．

また，平均値ではなく，ヒストグラム（度数分布）を用いる方法もある．この場合，ヒストグラムを表現する柱（ビン）をいくつか使用するため，平均値よりも多くの値を使用することになる．たとえば，5 本のビンを使用する場合，上記の例では，1 枚の画像は 90 次元のベクトルで表現されることになる．平均値という代表値ではなく，度数ごとの比較ができるので，詳細な比較が可能であるが，データ量が多くなるとともに，4.1.2 項で述べる次元の呪いも無視できなくなるので，注意が必要である．

さらに，画像を空間周波数領域に変換する方法がある．フーリエ変換，コサイン変換，ウェーブレット変換等を行って周波数領域に変換する方法である．直流成分は画像全体の平均を表し，低周波成分は粗いパターンを表し，高周波成分は細かいパターンを表す．これはテクスチャを表現する際にも利用される．つまり，ベタっとした表面なのかザラザラっとした表面なのかを判断する場合に使用される．

このほかにも数多くの特徴量があるが，本書の範囲を超えるので，興味のある読者は他書を参考にされたい．

2.4 動 画

2.4.1 動画の表現

動画は，パラパラ漫画のように画像を次々と表示したもので，時間的な画像の列である．動画を構成する1枚の画像のことを**フレーム**（frame）といい，単位時間（1秒間）あたりのフレーム数を**フレームレート**（frame rate）という．フレームレートの単位は[fps]（frames per second）である．フレームレートが高いほど滑らかな動画となり，一般には，30 fps 程度あれば自然な動画に見えるとされている．横 640 画素×縦 480 画素のフルカラー画像のデータ量は約 1 M バイトであるので，1 秒間でも約 30 M バイトにもなってしまう．1 分間で約 1.6 G バイト，1 時間で約 96 G バイトであり，何らかの圧縮が必要である．

2.4.2 動画データの圧縮

前節で述べた方法により，1 フレームの画像データを圧縮することで動画データも圧縮できる．さらに，動画の特性を利用した次のような圧縮も行われる．

- フレーム間予測：

  隣接するフレームの画像は類似していることを利用する．時間的に隣接（前後どちらかまたは両方）する画素値から，画像におけるフレーム内予測と同様に，当該画素の画素値を予測する．そして，予測値と実際の値の差分を記録する．差分が 0 の場合は記録しない．これにより，データ削減を行う．フレーム間での予測符号化であり，そのためフレーム間予測とよばれる．

  また，動く物体がある場合，動きを検出し，動きベクトルで表現することで，物体の画素値を格納せずに済ます．これにより，データ量の削減を行う．

  代表的な動画データの規格である MPEG では，フレームタイプを，I ピクチャ，P ピクチャ，B ピクチャの 3 種類に分け，それらの組み合わせで動画データを構成している．I ピクチャはフレーム内予測による圧縮を行う．P ピクチャは前のフレームからのフレーム間予測を行い，B ピクチャは前後のフレームからのフレーム間予測を行う．

- 適応的量子化：

  聴覚特性を利用した音声データの圧縮と同様に，視覚特性を利用して圧縮を行う．人間の視覚は，変化のない滑らかな部分には敏感であるが，変化の激しいところは鈍感である．この視覚特性を利用する．つまり，動きのないところは量子化ステップを細かくするが，動きの激しいところは量子化ステップを粗くする．これによりデータ量の削減を図る．

2.4.3 動画の特徴量

動画は画像の列であるので，画像の特徴量を使用することができる．さらに，時間とともに変化するので，その情報を特徴量にできる．シーン変わりを検出し，シーンごとの特徴量を採用することができる．つまり，シーンを構成する複数の画像（フレーム）の特徴量を使用するのである．通常は，複数フレームの平均をとる，シーンの最初のフレームをシーンの代表フレームとする，などを行う．これを各シーンに対して行うと，n 個のシーンがある場合，n 個のフレームの特徴量が求められる．1 フレームあたり m 次元のベクトルで表現されるとすると，全部で n 個の m 次元ベクトルで表現できる．これを用いて，二つの動画の類似度を計算することができる．

また，物体などの動きを特徴量とすることもできる．物体の動く速さやその方向を特徴量とするのである．たとえば，物体の動く速さの平均値と標準偏差を求めておき，これを比較することで二つの動画の類似度を求めることができる．物体の動く速さが類似している動画が類似した動画ということになる．

さらに，ズームやパンといったカメラワークを特徴量とすることもできる．ズームやパンの頻度や時間あたりの頻度を求めておき，これを比較することでカメラワークが類似した動画を求めることができる．

動画の場合もこのほかに数多くの特徴量があるが，本書の範囲を超えるので，興味のある読者は他書を参考にされたい．

2.5 グラフィックス

2.5.1 グラフィックスの表現

グラフィックス（graphics）は，映像の表現という点では画像あるいは動画と似ているが，データの表現としては次のように大きく異なっており，別種のデータとして扱われる．

画像および画像の列である動画は，すでに述べたように画素の集まりとしてデータが表現される．このような形式のデータを**ラスターデータ**（raster data）とよぶ．ラスターデータでは，直線や円などの幾何学図形も，拡大して見るとその端部は**図 2.3**(a)のように画素の形を反映してギザギザになっており，一般に正確な形状にはなっていない．どの程度まで形状を再現できるかは画像データの解像度の影響を受け，また，拡大・縮小・回転などの操作を行うと，その再現性が劣化してしまうことがある．これは，設計図の作図に使われる CAD などのように，形状の正確性が要求される用途では問題となる．

これに対し，グラフィックスでは，直線や円といった基礎的な図形の集まりによって

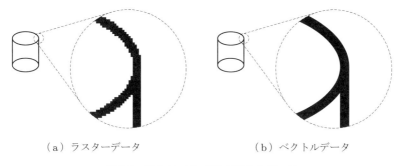

（a）ラスターデータ　　　　　　（b）ベクトルデータ

図 2.3　ラスターデータとベクトルデータ

形状を表し，それらの基礎的な図形を指定する座標や属性の値を用いてデータを表現する．これはいわば，音声データでいうコードによる表現にあたる．たとえば，直線であれば，その両端点の座標値と，直線を指定する属性値でデータを表現する．これを実際にディスプレイなどで表示する際には，両端点の座標値と直線の方程式 $ax+by+c=0$ を用いて計算を行い，描画すべき画素を求めて表示する．これにより，解像度の影響を受けることがなく，拡大・縮小・回転などの操作を施しても正確に形状を再現できる．このような形式のデータを**ベクトルデータ**（vector data）という（図 2.3 (b)）．したがって実用上，グラフィックスには計算機が必要不可欠であり，グラフィックスとはすなわち**コンピュータグラフィックス**（computer graphics; CG）のことである．一般的には，CG というと映画やゲームなどで用いられる 3 次元 CG を指すことが多いが，ドローイングソフトとよばれるソフトウェアで描かれた絵や，CAD データなども CG に含まれる．

2.5.2　グラフィックスモデル

コンピュータグラフィックスでは，対象を図形などによりモデル化して表現する．ここでは，そのもととなるモデルについて説明する．

(1)　3 次元幾何モデル

図形を用いて物体を表現するものである．基礎的な 3 種類のモデルを，**図 2.4** に示す．

図 (a) の**ワイヤーフレームモデル**は，3 次元立体を線分の集まりで表現するモデルである．輪郭線を用いて立体を表現する．表現力は高くないが，描画処理の負荷が低いので高速に表示することが可能である．

図 (b) の**サーフェスモデル**は，3 次元立体を面の集まりで表現するモデルである．三角パッチやポリゴン（多角形）を用いて立体を表現する．このモデルも表現力は高くないが，高速に表示可能である．

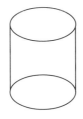  

　　　（a）ワイヤーフレームモデル　（b）サーフェスモデル　　（c）ソリッドモデル

図 2.4　3 次元幾何モデル

　図 (c) の**ソリッドモデル**は，3 次元立体を体積をもった 3 次元物体により表現するモデルである．直方体，円柱，球といった基本立体と，立体の和や差といった演算でモデリングする．

　その他の幾何モデルとして，ボールを組み合わせて表現する**メタボール**がある．これは，曲面が多い物体の表現に使用される．また，空間を等間隔に区切って得られる微小立方体（ボクセル）の集まりとして表現する**ボクセル表現**がある．さらに，無数の細かい粒子により物体を表現する**パーティクルシステム**がある．これは，雲や煙など，形が一定しない物体の表現に使用される．

(2)　物理モデル

　物体の幾何学的な形状の表現のみでなく，物理的な特性も含めてモデリングする手法である．形状のみではなく，それらの間にはたらく力を，ばねが存在するように考えてモデリングする．これにより，ある部分の変形によるほかの部分の変形が容易に表現できる．

　これらを時間的に変化させると動く図形となる．画像の表示順序が固定のアニメーションと，画像の表示順序が動的に決定されるシミュレーションに分けられる．

2.5.3　グラフィックスの特徴量

　グラフィックスは一種のコードで表現されているので，それから情報を得ることができる．たとえば，ワイヤーフレームモデルで表現された物体の線の数や平均長が求められる．また，サーフェスモデルで表現された物体の面の数や平均サイズを使用することもできる．さらには，ソリッドモデルで表現された物体の基本立体の数や平均サイズといった情報を使用することもできる．これらが似ている CG が似ている CG と判断されるのである．

　このほかにも数多くの特徴量があるが，本書の範囲を超えるので，興味のある読者は他書を参考にされたい．

演習問題　*55*

━━━━━━━━━━━━━━━━━━● 演習問題 **●━━━━━━━━━━━━━━━━━━**

2.1 HTML 文書と XML 文書の類似点と相違点を述べよ.

2.2 CD 品質（サンプリング周波数 44.1 kHz, 量子化ビット数 16 ビット）のステレオの音楽 3 分間のデータ量を求めよ. ただし, ヘッダのデータ量は無視するものとする.

2.3 同時マスキング効果と継時マスキング効果の類似点と相違点を述べよ.

2.4 縦 100 画素, 横 200 画素のカラー画像（RGB 各 10 ビット）のデータ量を算出根拠を示しながら求めよ. ただし, ヘッダのデータ量は無視できるものとする.

2.5 フレーム内予測とフレーム間予測の類似点と相違点を述べよ.

2.6 JPEG や MPEG は非可逆圧縮である. この理由を周波数特性を考慮した圧縮の観点から述べよ.

2.7 MPEG の I ピクチャ, P ピクチャ, B ピクチャについて説明せよ.

2.8 適応的量子化について説明せよ.

2.9 CG における 3 次元幾何モデルについて説明せよ.

2.10 CG で雲を描くのに必要な機能を示し, そのための表現方法について述べよ.

第3章 マルチメディアデータモデル

　本章では，マルチメディアデータの表現モデルについて説明する．従来の数値・文字データと異なり，マルチメディアデータは時間的・空間的な広がりをもつ．たとえば，音声は時間的に変化する時系列データであり，画像やグラフィックスは2次元あるいは3次元の空間データである．さらに動画は，時間的に変化するとともに空間的にも広がりをもつ時空間データである．そのため，マルチメディアデータは，時間と空間を合わせて時空間データとして表されることが多い．このように時間的・空間的な広がりをもつデータ表現では，それらの間に時制や位置などの関係を記述することができる．本章では，まず，時空間データの表現と関係について説明する．さらに，この考え方を応用して，データの意味内容を記述することもできる．本章の後半では，マルチメディアデータの意味内容を表現する内容表現モデルについて述べる．

3.1 時空間データの表現と関係

3.1.1 区間の表現と関係

　時空間データでは，一般に，データに時間軸・空間軸を設定し，それら座標軸上の区間によってデータの範囲を表現する．たとえば，ある動画の最初から60秒の時点における画面の右半分のデータを求めたい場合，図3.1のように動画データに時間軸 t と空間軸 xy を設定すれば，目的のデータは $t = 60$ s, $50 \leq x \leq 100$, $0 \leq y \leq 100$ という区間で表されることになる．そして，このように表現されたデータ間の位置的関

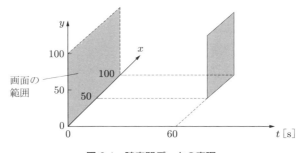

図 3.1　時空間データの表現

係や時間的関係は，区間と区間の関係として表現できる．ここではまず，時空間デー
タの表現と関係の基礎として，区間の表現と関係について述べる．

(1) 点と区間

点 a と点 b により，閉区間 $[a,b] = \{x \mid a \le x \le b\}$ や，開区間 $(a,b) = \{x \mid a < x < b\}$ を考えることができる．以降では，とくに明記しないときは閉区間を扱う．

(2) 関係

点 a と点 b には大小関係 $a \le b$ を考えることができる．点 a と点 b が等しい $(a = b)$ とは，$a \le b$ かつ $b \le a$ ということである．

区間 $T[a,c]$ と点 b には，区間 T が点 b を含むという関係 T contains b を考えることができる．この場合，$a \le b$ かつ $b \le c$ である．

Allen は，時区間モデル（Interval Temporal Logic[4]）において二つの時区間の 13 の関係を示している．時区間について示しているが，区間として考えることができる．

I equals J は，区間 I と区間 J の開始点と終了点が同じ場合である．同様に，before, meets, overlaps, starts, during, finishes の関係を表 3.1 に示す．これらの逆の関係が，おのおの，after, metBy, overlappedBy, startedBy, contains, finishedBy である．

また，「after または before」という関係 disjoint を考えることができる．つまり，二つの区間と区間が交わりをもっていないという関係である．ただし，Allen は，これに meets を含めた関係「after または meets または before」を disjoint としている．

表 3.1 区間の関係

I equals J	I	
	J	
I before J	I	
	J	
I meets J	I	
	J	
I overlaps J	I	
	J	
I starts J	I	
	J	
I during J	I	
	J	
I finishes J	I	
	J	

3.1.2 時間データの表現と関係

時系列データは，時間軸上の広がりをもつ 1 次元データである．前項で述べたように，区間と同様に考えることができ，時空間データともよぶ．Allen は，いくつかの関係に対して表 3.2 に示すような表記を導入している．また，前述のように，I disjoint J という関係（$i \prec: j \lor j \prec: i$）も導入している（記号 $\lor$ は「または」を表す）．これは，$i \bowtie j$ と表記される．$i \prec: j$ であるので，meets を含めている．つまり，接している場合も disjoint であるとしている．

表 3.2 時区間関係の表記

表　記	意　味
$I : J$	I meets J
$I \prec J$	I before J
$I \prec: J$	I before $J \lor I$ meets J
$I \sqsubset J$	I during J
$I \sqsubseteq J$	I during $J \lor I$ equals J
$I \bowtie J$	$i \prec: j \lor j \prec: i$

　時間を考慮したデータベースは，**時制データベース**（temporal databases）とよばれる．時制データベースでは，**有効時間**（valid time）と**トランザクション時間**（transaction time）が導入されている．有効時間とは，現実世界で事項が真である時間である．たとえば，ある学生がある大学に在籍した期間などが挙げられる．一方，トランザクション時間とは，データがデータベース中に存在した時間である．挿入時に開始時刻が記録され，修正や削除時に終了時刻が記録される．したがって，トランザクション時間をサポートしているデータベースでは，データが削除されても，そのデータの履歴を記録したデータが存在し続ける．これにより，ある時刻に存在していたデータを問い合わせることが可能である．有効時間とトランザクション時間の両方をサポートする場合，**両時制**（bitemporal）であるといわれる．通常，問い合わせの対象としてデータベースの利用者が用いるのは有効時間であるが，トランザクション時間は，おもにデータベースの管理などの目的で用いられる．

3.1.3 空間データの表現と関係

　空間データは，複数の軸をもつ多次元データである．物理的には 2 次元あるいは 3 次元となるが，一般にはそれより多い次元もあり得る．たとえば，3.2.2 項で後述する，要素や特徴量を次元としてベクトル表現されたデータも一種の空間データといえる．

(1) 点，線分，空間

n 次元空間の点は，各次元における座標を x_i とすると，n 次元ベクトル $\boldsymbol{x} = (x_1, x_2, \cdots, x_n)$ で表される.

線は，直線と曲線に分けられる．線が有限長の場合，二つの端点をもつ．直線の場合，端点 e_1, e_2 の第 i 次元の値を e_{1_i}, e_{2_i} とすると，その小さい方を $e_{i_{\min}}$, 大きい方を $e_{i_{\max}}$ ($e_{i_{\min}} = e_{i_{\max}}$ も含む) とすることができ，これにより第 i 次元での区間 $[e_{i_{\min}}, e_{i_{\max}}]$ を考えることができる.

空間 S に対しては，その境界 δS を考えることができ，境界 δS により全空間を S の内部と外部に分けることができる．境界 δS の次元数は，空間 S の次元数よりも 1 少ない.

(2) 関係

- **点と点**：

   点 p と点 q には等値関係 p equals q を考えることができる．点 p と点 q が等しい ($p = q$) とは，点 p と点 q の第 i 次元の値を p_i, q_i とすると，すべての i について $p_i = q_i$ となることである．これを $^\forall i\,(p_i = q_i)$ と表す．$\forall$ は全称記号とよばれ，「すべての」という意味である.

- **点と線**：

   点 p と線 l があるとき，点 p が線 l 内にある（含まれている）という関係 p in l を考えることができる．これは，l に属する点の少なくとも一つが点 p と等しい場合であり，$^\exists q \in l\,(p$ equals $q)$ と表す．$\exists$ は存在記号とよばれ，「少なくとも一つの」という意味である.

- **線と線**：

   線 l_1 と線 l_2 があるとき，線 l_1 と線 l_2 が交わるという関係 l_1 intersects l_2 を考えることができる．この場合，$^\exists p \in l_1$, $^\exists q \in l_2\,(p$ equals $q)$ である.

   また，線 l_1 の端点が線 l_2 上にあるという関係 l_1 touches l_2 を考えることもできる．この場合，線 l_1 の端点を点 e とすると，$^\exists q \in l_2\,(q$ equals $e)$ である.

- **点と空間**：

   点 p と空間 S があるとき，点 p が空間 S 内にある（含まれている）という関係 p in S を考えることができる．この場合，$^\exists q \in S\,(p$ equals $q)$ である.

- **線と空間**：

   線 l と空間 S があるとき，線 l が空間 S と交わっているという関係 l intersects S を考えることができる．この場合，$^\exists p \in l\,(p$ in $S)$ である.

   また，線 l が空間 S 内に完全に含まれているという関係 l in S を考えることもできる．この場合は，$^\forall p \in l\,(p$ in $S)$ である.

さらに，線 l が空間 S の境界 δS と接しているという関係 l touches S を考えることもできる．この場合，線 l の接点を点 e とすると，$^\exists q \in \delta S$ (q equals e) である．

- 空間と空間：

n 次元空間の場合，各次元において 3.1.1 項で示した 14 種類の関係（表 3.1 の 7 種類およびその逆の 7 種類）があるので，合計 14^n の関係が考えられるが，各次元を区別することがないため同様の関係が多数存在する．重要な関係は，図 3.2 に示す，S_1 disjoint S_2，S_1 in S_2，S_1 touches S_2，S_1 equals S_2，S_1 covers S_2，S_1 overlaps S_2 である[5]．

関係 S_1 in S_2 は，S_2 contains S_1 とされることも多い．また，関係 S_1 disjoint S_2 では，S_1 と S_2 は接しない．

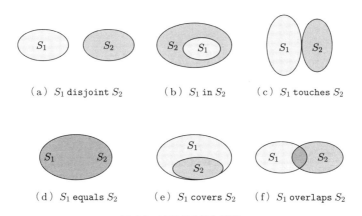

図 3.2　空間の主要な関係

3.1.4　時間と空間の区別

時空間データは，時間と空間と区別しないアプローチと区別するアプローチに分けられる．

時間と空間を区別しない場合，たとえば，3 次元空間を扱う場合は，時間を含めて 4 次元空間として扱うということになる．時間と空間を区別せずに統一的に扱えるという利点がある．

時間と空間を区別するアプローチでは，時空間データを空間データの時系列データとして扱う．人間の時空間に対する感覚に近い操作を可能とするアプローチである．

3.2 内容表現モデル

ここでは，マルチメディアデータの意味内容を表現する枠組みについて述べる．これには，前節で説明した時空間データの表現や関係の考え方が応用できる．たとえば，画像や動画のように空間的な広がりをもつデータでは，意味内容を表すうえでデータの各部分間の位置的関係の記述が必要となることがある．また，要素や特徴量などを次元としてデータの意味空間を考える場合には，空間的な関係がすなわち意味的な関係を表すことになる．以下では，意味内容を表現するモデル手法として，まず，キーワードについて述べ，次に，ベクトル形式での表現について述べる．そして，より高度な表現としてグラフによる内容表現について述べる．また，内容表現モデルとして MPEG-7 と CORM を取り上げ，概説する．

3.2.1 キーワード

従来から使用されてきている方法がキーワードを使用する方法である．これは，すでに 1.2.2 項で述べたとおりである．

マルチメディアデータとしてテキストを扱う場合は，テキスト内に単語があるので，重要単語を選出することでキーワード付けを容易にできる．重要単語を選出する方法の一つは，**TF-IDF**（term frequency–inverse document frequency）値を用いる方法である．TF-IDF 値は，TF 値と IDF 値の積で表される[6]．TF 値は文書 d における単語 w の出現頻度を，IDF 値は単語 w がどれだけ少数の文書にしか出現しないかを表し，それぞれ次式によって算出される．

$$TF(w,d) = \frac{\text{文書 } d \text{ における単語 } w \text{ の出現回数}}{\text{文書 } d \text{ における総単語数}} \tag{3.1}$$

$$IDF(w) = \log \frac{\text{全文書数}}{\text{単語 } w \text{ が出現する文書数}} + 1 \tag{3.2}$$

TF-IDF 値が大きいほどその単語の重要度が高くなる．この方法を用いることで，ただ単に出現回数が多い語を重要と判定するのではなく，局所的に特定の文に出現する語を重要とみなすことができる．

マルチメディアデータが，画像等のテキスト以外のメディアデータの場合は，現状では，人手でキーワードを付与するしかない．

3.2.2 ベクトル表現

ある決まった数の n 個の要素を前提とし，その要素の有無を 0 と 1 で表したり，出現確率で表したりすることによって，n 次元ベクトルとしてマルチメディアデータの

内容を表現する方法が**ベクトル表現**である．たとえば，要素を単語とし，あらかじめ決められた 100 単語を用いるとすると，あるメディアデータ d 中にある単語 w が存在すれば，100 次元ベクトルの，単語 w に対応する次元の成分を 1 にするという方法である．0 と 1 を使用することもあれば，それに加えて，反対の意味で使用されている場合は -1 とするという方法もある．このようにベクトルで表現すると，内容の類似度は，ベクトルの類似度を表すコサイン類似度（後述の式 (4.10)）で求めることができる．

このベクトル表現としてメディアの種類に依存しないものを導入できると，それを共通表現とすることで，異種のメディアデータを比較することが可能となる．約 870 語の英語の基本単語を使用する例 [7] や，4～5 次元の感性の主因子を使用する例 [8] がある．前者は単語のベクトル表現の例であり，後者は因子得点というスコアのベクトル表現の例である．後者のように，単語以外の表現を使用することももちろん可能である．

3.2.3　グラフに基づくモデル

ここでは，グラフというベクトルよりも複雑な構造で内容を表現するアプローチについて述べる．ウェブページの内容を表現する RDF と，グラフによる映像の内容表現について述べる．

(1)　Resource Description Framework（RDF）

ウェブのページの内容を表現する枠組みとして，**Resource Description Framework**（**RDF**）が提案され，使用されつつある [9]．RDF では，**主語**(subject)，**述語**(predicate)，**目的語**（object）からなる三つ組により，それらの関係を記述する．たとえば，「本 B の著者が A である」という場合，主語が「本 B」，目的語が「A」，述語が「著者」である．三つ組 (本 B, 著者, A) で表されるということである．また，著者 (本 B, A) と表すこともできる．これは，図 3.3 のように表せる．

図 3.3　RDF

(2)　グラフによる映像の内容表現

映像の内容を，グラフ構造で表そうというアプローチもある．これには，映像のストーリーをグラフ構造で表すストーリーグラフ [10] や，映像中のイベントをノードとするグラフで内容を表現する時刻印付オーサリンググラフ [11]，映像中の登場事物間を関連付ける映像部品化シーン記述モデル [12] がある．以降で述べる MPEG-7 や CORM も，グラフによる内容表現モデルである．

3.2.4 **MPEG-7**

MPEG-7 は，Moving Picture Experts Group（MPEG）により開発されたマルチメディア情報の管理・検索のための規格である [13]．マルチメディアコンテンツの内容等を表現し，コンテンツに付加することにより，様々な検索を可能にしている．

MPEG-7 では，ビジュアル特徴量の記述，オーディオ特徴量の記述，マルチメディアコンテンツの記述，各種の構成要素の定義を行う言語，システム全体の記述方法，参照ソフトウェア，ならびに適合性テストについて規定している．

ビジュアル特徴量としては，色，テクスチャ，形状，ならびに動きなどを用いている．また，これらのグリッド表現や時系列表現が可能で，多面ビューや2次元空間座標での記述も可能である．

オーディオ特徴量としては，オーディオ波形やスペクトルに関する情報等の低レベル記述，ならびに楽器音色，発話やメロディーといった高レベル記述を可能としている．

マルチメディアコンテンツの記述を行う **Multimedia Description Scheme**（MDS）は，MPEG-7 の中枢となる記述ツールであり，以下を可能としている．

- データ型やスキーマ等の基本要素の定義
- テキスト注釈の記述
- メディア関連情報や制作関連情報の記述
- 構造と意味内容というコンテンツの記述
- 要約や様々な見え方等の記述
- 複数のマルチメディアコンテンツをまとめる記述
- ユーザ嗜好やユーザ履歴の記述

コンテンツ記述（content description）では，**構造**（structure）と**意味内容**（semantics）とそれらの間の対応付けを可能としている．

映像はいろいろなシーンから構成され，音楽は小節から構成されている．また，写真もその中に写っている人物や背景から構成されている．このように，マルチメディアコンテンツは，全体 – 部分の構成関係をもっている．これを，コンポーネントや領域で構成されるセグメントとして表現でき，また，セグメントをまとめて大きなセグメントとすることができる．このように，マルチメディアコンテンツに内在する階層構造を表現できる．また，空間的には，左，右，上，下といった領域間の関連を記述することができ，時間的には，3.1.1 項で述べたような `meets`，`overlaps`，`starts`，`finishes` や逐次的に（`sequential`），並行して（`parallel`）といった関連を記述することができる．構造的な記述を行った例を**図 3.4** に示す．図 3.4 では，写真全体が三つの領域に分けられることを表し，左の領域は中央の領域の「上」にあり，中央の領域は右の領域の「左」にあることを表している．

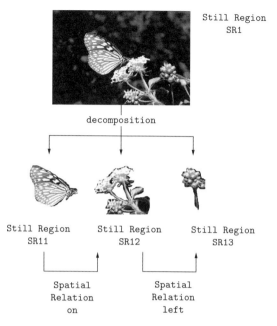

図 3.4 構造記述

さらに，意味的な情報を表現することも可能である．ここでは，実体，イベント，概念といった意味的実体を記述することができる．そして，意味的実体間には，agent, instrument, goal といった行為・行動に関する関連や，specializes, similar, partOf といった意味的な関連が記述できる．意味的な記述の例を図 3.5 に示す．図 3.5 では，イベントとして「とまる (alight)」を表し，その主体が蝶 (butterfly) で，対象が花 (flower) であることを表している．また，蝶は動物 (animal) であり，花は植物 (plant) であることを表している．

図 3.5 意味内容記述

そして，構造上の領域が意味内容上の意味的実体とどのように関連するかを，annotatedBy, symbolized, depicts といった関連で表現することができる．この様子を図 3.6 に示す．この図では，図 3.4 に示した構造記述と図 3.5 に示した意味内容記述間の関連を表している．ここでは，図 3.4 の領域 SR11 と領域 SR12 が，それぞれ，図 3.5 の蝶と花に対応していることを表している．

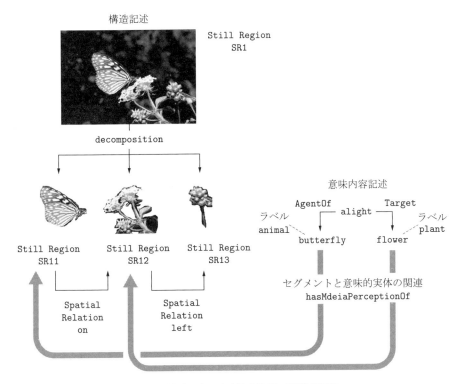

図 3.6 構造要素と意味的実体間の関連の表現

3.2.5 CORM

　Content Representation Model for multimedia data（CORM）は，マルチメディアデータの意味内容表現モデルの一つで，表層表現，構造表現，概念表現，ならびにそれらの間の対応関係により，マルチメディアデータの意味内容を表現しようというものである[14]．表層表現は，マルチメディアデータ全体が表現単位によってどのように構成されるかを表現する．たとえば，書籍をページ単位で表現したり，章単位で表現するときに使用する．構造表現は，表層表現内の表現単位に内在する構造を表現する．たとえば，生け花がどのような材料（花，枝や草）で構成され，どのような位置関係にあるかを表す．概念表現は，構造表現単位がどのような概念と意味関係を表すかを表現する．また，概念表現は，世界表現とよぶ概念や意味を総合的に表すグラフ構造の一部分として表現される．CORM による画像の内容表現の例を図 3.7 に示す．この画像には，太陽と富士山が描かれている．表層表現では，画像は二つの図形から構成されていることを表している．構造表現では，それぞれの図形の構成要素が表現されている．たとえば，左の図形は円と 8 本の線から構成されていることを表してい

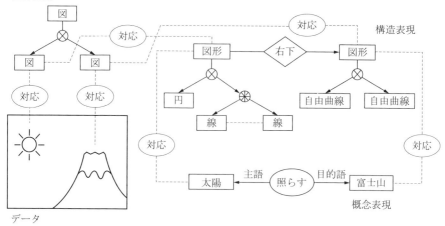

図 3.7 CORM による意味内容表現例

る．概念表現では，左の図形が太陽を表し，右の図形が富士山を表しており，太陽が富士山を照らしていることを表現している．

―――――――――――― 演習問題 ――――――――――――

3.1 時空間データの表現において，時間と空間を区別するアプローチと時間と空間を区別しないアプローチの利点と欠点を述べよ．
3.2 MPEG-7 の構造表現，意味内容表現，ならびにそれらの対応関係を使用して表現したマルチメディアデータの例を示せ．
3.3 CORM の表層表現，構造表現，概念表現で動画の内容表現を行う例を示せ．
3.4 MPEG-7 と CORM の内容表現法の類似点と相違点を述べよ．

第4章 マルチメディアデータに対する問い合わせ

　マルチメディアデータでは，従来のようなデータそのものを対象とした検索があまり意味をなさず，適切な索引付けが必要となることはすでに述べた．この索引付けには絶対的な基準が存在しないため，データの内容を索引が十分に表現できていないということがあり得る．また，もし十分適切な索引付けができたとしても，マルチメディアデータでは通常，問い合わせそれ自体にもいくらかのあいまいさが含まれる．これは，マルチメディアデータの性質上，利用者の要望を満たす問い合わせというものを，完全に表現することが一般に難しいからである．したがって，マルチメディアデータに対しては，問い合わせに一致するデータのみを探す条件検索ではなく，問い合わせを例として，それに近いデータを探すという類似検索が重要となることが多い．本章では，そのような類似検索を行う問い合わせの方法について述べる．まず，基本となる距離と類似度について説明し，次に，マルチメディアデータに対する様々な問い合わせについて述べる．

4.1 距離と類似度

　あるデータに類似するデータを求めるには，様々な方法が考えられる．たとえば，単純なものとしては，シソーラスによって類似するキーワードを関連付けておく方法が考えられるが，そのためには事前にキーワードの付与とそれらの関連付けを行っておく必要がある．これらは自動化が困難で，通常は人手で行われるため，非常に手間がかかるうえ，個人の主観的基準の影響を受けやすい．そこで，もっともよく用いられるのが，3.2.2項で説明したようにデータの内容をベクトル表現して，類似度を計算する方法である．データの要素や特徴量を次元として多次元ベクトル表現すると，個々のデータは意味空間内における点として表され，それらの空間的関係が意味的な関係を表す．すなわち，二つのデータの意味的近さが，おのおののデータを表す2点間の距離として計算できる．本節では，類似性を判定するうえで重要な各種の距離と類似度について述べる．次に，高次元空間において問題となる次元の呪いについて説明し，距離を意味のあるものにするための次元削減について述べる．

68   第4章　マルチメディアデータに対する問い合わせ

4.1.1　各種の距離と類似度

ここでは，n 次元ベクトルで表現されるデータ $\boldsymbol{x} = (x_1, \cdots, x_n)$ と $\boldsymbol{y} = (y_1, \cdots, y_n)$ の距離（非類似度）と類似度について述べる．

(1)　市街地距離

n 次元ベクトル $\boldsymbol{x}$ と $\boldsymbol{y}$ の**市街地距離**（マンハッタン距離）$D_{\mathrm{city}}(\boldsymbol{x}, \boldsymbol{y})$ は，次式で与えられる．

$$D_{\mathrm{city}}(\boldsymbol{x}, \boldsymbol{y}) = \sum_{i=1}^{n} |x_i - y_i| \tag{4.1}$$

碁盤の目のように区画に区切る道路を通って目的地にたどり着くまでの区画の数である．この距離は，各次元の軸方向しか移動が許されず，斜めの移動ができないような場合に用いられる．

(2)　ユークリッド距離

n 次元ベクトル $\boldsymbol{x}$ と $\boldsymbol{y}$ の**ユークリッド距離** $D_{\mathrm{Euc}}(\boldsymbol{x}, \boldsymbol{y})$ は，次式で与えられる．

$$D_{\mathrm{Euc}}(\boldsymbol{x}, \boldsymbol{y}) = \sqrt{\sum_{i=1}^{n} (x_i - y_i)^2} \tag{4.2}$$

これは，日常的に使われる 2 点間の距離であり，とくに断らない場合はこの距離が用いられることが多い．

(3)　ミンコフスキー距離

n 次元ベクトル $\boldsymbol{x}$ と $\boldsymbol{y}$ の**ミンコフスキー距離** $D_{\mathrm{Min}}(\boldsymbol{x}, \boldsymbol{y})$ は，次式で与えられる．

$$D_{\mathrm{Min}}(\boldsymbol{x}, \boldsymbol{y}) = \sqrt[m]{\sum_{i=1}^{n} (x_i - y_i)^m} \tag{4.3}$$

市街地距離やユークリッド距離を一般化したもので，$m = 1$ のとき市街地距離，$m = 2$ のときユークリッド距離である．m が大きくなると，各次元の値の差 $x_i - y_i$ のうち，差が大きいものが支配的になるので，そのような次元をとくに重視するような距離となる．

(4)　重み付きユークリッド距離

重み付きユークリッド距離 $D_{\mathrm{weiEuc}}(\boldsymbol{x}, \boldsymbol{y})$ は，ユークリッド距離の各次元に重みを付加するものであり，重み w_i を用いて次式で与えられる．

$$D_{\text{weiEuc}}(\boldsymbol{x}, \boldsymbol{y}) = \sqrt{\sum_{i=1}^{n} w_i (x_i - y_i)^2} \tag{4.4}$$

たとえば，特定の次元に大きな重みを付けて考えることで，その次元の値を重視した距離とすることができる．

(5) 楕円体距離

楕円体距離 D_A は，重み付きユークリッド距離をより一般化したものであり，重み a_{ij} を要素とする n 次の正方行列 A により，次式で求められる．

$$\begin{aligned} D_A(\boldsymbol{x}, \boldsymbol{y}) &= \sqrt{\sum_{i=1}^{n} \sum_{j=1}^{n} a_{ij}(x_i - y_i)(x_j - y_j)} \\ &= \sqrt{(\boldsymbol{x} - \boldsymbol{y}) A (\boldsymbol{x} - \boldsymbol{y})^T} \end{aligned} \tag{4.5}$$

行列 A が単位行列のときユークリッド距離であり，対角行列のとき重み付きユークリッド距離である．ある点から等距離の点をプロットすると，2次元の場合，ユークリッド距離は円になり，重み付きユークリッド距離は各軸方向に伸縮したような楕円となる．これに対し，楕円体距離は斜めの楕円とすることができる．

(6) マハラノビスの汎距離

ここまで述べた距離は，対象とする2点のみの位置関係を考慮して計算した．しかし，たとえば**図4.1**のようにデータが存在するとき，データAとデータBのどちらがデータCに近いと考えるべきだろうか．**マハラノビスの汎距離**は，このようなデータの散らばり具合を考慮したものである．

次のように，n 次元ベクトルで表されるデータが m 個あるとする．

$$\boldsymbol{x}_k = (x_{k,1}, \cdots, x_{k,n}) \quad (k = 1, 2, \cdots, m)$$

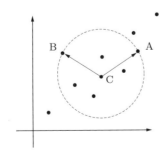

図 4.1 分布に偏りがあるデータ

このとき，

$$\Sigma = \begin{pmatrix} r_{11} & \cdots & r_{1n} \\ \vdots & \ddots & \vdots \\ r_{n1} & \cdots & r_{nn} \end{pmatrix}$$

$$r_{ij} = \frac{1}{m} \sum_{k=1}^{m} (x_{k,i} - \overline{x}_i)(x_{k,j} - \overline{x}_j)$$

$$\overline{x}_i = \frac{1}{m} \sum_{l=1}^{m} x_{l,i}, \quad \overline{x}_j = \frac{1}{m} \sum_{l=1}^{m} x_{l,j}$$

で表される行列 Σ を分散共分散行列という．分散共分散行列 Σ の要素 r_{ij} において，$i = j$ の対角要素は非負であり，これは各次元成分の散らばり具合を表す分散である．$i \neq j$ の非対角要素はデータの i 次元と j 次元の間の相関を表し，これを共分散という．共分散は，その絶対値が相関の強さを表し，その正負が相関の正負を表す．まったくの無相関であれば 0 である．これを用いて，マハラノビスの汎距離 D_M は次式で求められる．

$$\begin{aligned} D_M(\boldsymbol{x}, \boldsymbol{y}) &= \sqrt{(\boldsymbol{x} - \boldsymbol{y})\Sigma^{-1}(\boldsymbol{x} - \boldsymbol{y})^T} \\ &= \sqrt{\sum_{i=1}^{n} \sum_{j=1}^{n} \frac{(x_i - y_i)(x_j - y_j)}{r_{ij}}} \end{aligned} \tag{4.6}$$

どの次元においてもデータに相関がなく，分散共分散行列 Σ が対角行列となっている場合は，Σ^{-1} も対角行列であり，これは重み付きユークリッド距離となる．分散 r_{ij} $(i = j)$ を，標準偏差 σ_i を用いて表し，次のようになる．

$$D_M(\boldsymbol{x}, \boldsymbol{y}) = \sqrt{\sum_{i=1}^{n} \frac{(x_i - y_i)^2}{\sigma_i^2}} \tag{4.7}$$

次元間に相関がある場合は，距離には共分散も寄与する．共分散が小さいものの寄与は大きくなり，共分散が大きいものの寄与は小さくなる．つまり，互いの相関が低い場合は距離が大きくなるが，互いの相関が高い場合はそれほど距離が大きくならないことになる．

(7) ハミング距離

n 次元ベクトル $\boldsymbol{x}$ と $\boldsymbol{y}$ のハミング距離 $D_{\mathrm{Ham}}(\boldsymbol{x}, \boldsymbol{y})$ は，次式で与えられる．

$$D_{\mathrm{Ham}}(\boldsymbol{x}, \boldsymbol{y}) = n - \sum_{i=1}^{n} \delta(x_i, y_i) \tag{4.8}$$

$\delta(x_i, y_i)$ は，クロネッカーのデルタとよばれ，次式で表される．

$$\delta(x_i, y_i) = \begin{cases} 1 & (x_i = y_i) \\ 0 & (x_i \neq y_i) \end{cases} \tag{4.9}$$

この距離は，値が一致していない要素の数を表し，ビット列の比較に用いられる．また，これは n 個の文字からなる二つの文字列を考えたとき，両者を一致させるために必要な置換の回数を表しており，誤り訂正における距離としても用いられる．

(8) コサイン類似度

n 次元ベクトル $\boldsymbol{x}$，$\boldsymbol{y}$ のなす角の余弦を**コサイン類似度**とよび，次式で求められる．

$$S_{\cos}(\boldsymbol{x}, \boldsymbol{y}) = \frac{\boldsymbol{x} \cdot \boldsymbol{y}}{|\boldsymbol{x}||\boldsymbol{y}|} \tag{4.10}$$

二つのベクトルがなす角のみを見るので，同じような向きのベクトルであれば，大きさにかかわらず似ているとみなすことになる．

(9) シソーラス類似度

二つの単語がどの程度類似しているかを表すものである．シソーラス T 上の 2 個の単語 w_1，w_2 のシソーラス類似度 $S_{\mathrm{thsr}}(T, w_1, w_2)$ は，次式で与えられる．

$$S_{\mathrm{thsr}}(T, w_1, w_2) = \frac{1}{1 + P(T, w_1, w_2)} \tag{4.11}$$

ここで，$P(T, w_1, w_2)$ は，シソーラス T 上で単語 w_1 から単語 w_2 に至る最短経路のリンクの数である．同じ単語の場合は，$P(T, w_1, w_2) = 0$ であるので，$S_{\mathrm{thsr}}(T, w_1, w_2) = 1$ である．

4.1.2 次元削減

ベクトルが高次元になるとやっかいな問題が発生する．**次元の呪い**（curse of dimensionality）とよばれるもので，どの点をとってもほかの点への距離がほぼ一定になってしまうという現象（球面集中現象）が見られるのである．

半径 r と半径 pr（$0 < p < 1$）の n 次元の二つの超球 S_1 と S_2 を考える（**図 4.2**）．この二つの超球の体積の差を δV とする．n 次元の超球の体積は超球の半径の n 乗に比例するので，S_1 の体積 V に対する δV の比は，C を定数として次式で表される．

$$\frac{\delta V}{V} = \frac{Cr^n - C(pr)^n}{Cr^n} = 1 - p^n \tag{4.12}$$

ここで，点が均一分布していると仮定すると，空間中に存在する点の数は体積に比例する．したがって，上式は S_1 中にある点のうちで S_1 と S_2 の間にある点の割合を表し

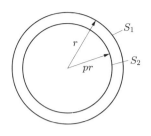

図 4.2 次元の呪い

ている.そして,式からわかるように $\delta V/V$ は次元数 n が増加すると 1 に近づく.たとえば,$p = 0.90$ の場合,$n = 10$ で $\delta V/V = 0.65$ となり,$n = 20$ で $\delta V/V = 0.88$,$n = 30$ で $\delta V/V = 0.96$ となる.つまり,n が大きい場合は,S_1 中の点はほとんど S_1 と S_2 の間に存在することになる.したがって,高次元になると,ある点から見るとほかの点は同じような距離のところに存在することになるのである.この議論はすべての点について成り立つので,どの点をとってもほかの点への距離がほぼ一定になってしまう.

これは,2 点間の距離を考えるうえでは重大である.なぜならば,距離が意味をなさないことになり,類似度判定ができないからである.経験的には,20 次元程度が限度といわれている.

そこで,ベクトルの要素の中から重要なものを残すことで次元数を削減する**次元削減**(dimensionality reduction, dimension reduction)が行われる.いくつかの方法があるが,主成分分析や因子分析を用いる方法がその一つである.ベクトルの要素をなす多数の変数の中には,相関の強い変数があることが多いので,それらを一つの変数で代表させる.

時系列データの場合は,第 7 章で述べるように,概形として近似して扱う方法がある.また,時系列データに周波数変換を施したような場合,低周波領域に重要な値が偏ることが知られている.これを利用し,高周波領域の値を削除するという方法もある.

4.2 マルチメディアデータに対する問い合わせの基礎

マルチメディアデータに対する問い合わせの基礎として,まず,マルチメディアデータの検索における類似性の判定について述べる.次に,マルチメディアデータの検索の手がかりについて述べる.そして,多次元データに対する問い合わせとして,点データに対する問い合わせと,矩形データに対する問い合わせについて述べる.

4.2.1 様々なレベルでの類似性の判定

マルチメディアデータを操作対象とすると，マルチメディアデータそのもの，マルチメディアデータから得られる特徴量，ならびにマルチメディアデータの内容というレベルで類似性を判定することが考えられる．

- マルチメディアデータそのものの類似性：
  ビット列のレベルで二つのマルチメディアデータがどの程度類似しているかということである．ビット列が完全に合致しているか否かという判定を行う方法や，4.1.1 項で述べたハミング距離を用いて，相異度を求めて判定する方法がある．
- 特徴量の類似性：
  特徴量がどの程度類似しているかということである．特徴量は n 次元ベクトルで表現されるので，4.1.1 項で述べた n 次元ベクトルの距離を使用して特徴量の相異度を求めることができる．
- 内容の類似性：
  マルチメディアデータの内容がどの程度類似しているかということである．もっとも簡単な例は，内容をキーワード（単語）により表現する方法である．この場合，キーワードが同じか否かを求める方法や，4.1.1 項で述べたコサイン類似度によりキーワードの類似度を求める方法がある．また，シソーラスを利用する場合は，同じく 4.1.1 項で述べたシソーラス類似度を用いることができる．

これらのレベルでの類似性の判定を，模式的に図 4.3 に示す．

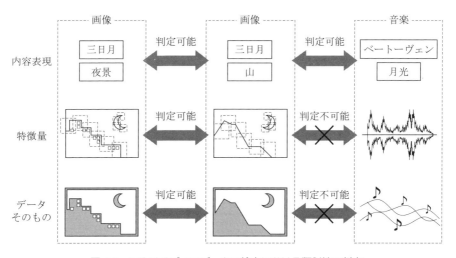

図 4.3　マルチメディアデータの検索における類似性の判定

74   第4章　マルチメディアデータに対する問い合わせ

4.2.2　検索の手がかり

　類似のものを求める検索では，その手がかりの種類によって検索方法が異なる．ここでは，求めるデータと検索キーが同種のメディアデータの場合と，異種のメディアデータの場合に分けて考える．

(1)　同種のメディアのデータがある場合

- 検索のもととするデータがある場合：

　　この検索は，検索のもととするデータが手元にあり，それをもとにして（提示して）同じ種類のメディアデータを求める検索である．たとえば，ある写真に類似した写真を求めるという検索や，ある楽曲に類似した楽曲を求めるという検索である．テキストデータに対するキーワード検索もこの範疇に入れることができる．検索キーと求めるデータが同種であるので，データそのもの，特徴量や内容表現を使用して類似度判定を行うことができる．

- 検索の手がかりがある場合：

　　検索のもととなるデータはないが，検索の手がかりがある場合である．たとえば，スケッチを描き，それと類似した写真を求めるという検索や，ハミングをもとに楽曲を求めるという検索である．このような，求めるデータと同種のメディアの検索の手がかりがある場合は，特徴量を使用して検索を行うことができる．

(2)　異種のメディアのデータがある場合

- 検索の手がかりがある場合：

　　検索のもととなるデータとは異なる種類のメディアデータを求める検索である．たとえば，動画に合った音楽を求める検索や，音楽に合った写真を求める検索である．検索キーと求めるデータが異種であるので，データそのものや特徴量を使用して類似度判定を行うことはできず，比較可能な内容表現をもとにして類似性を判定することになる．

- 手がかりがキーワードや内容表現の場合：

　　もっともよく使用される方法が，キーワードによる画像，動画や音楽の検索である．あらかじめ付与されているキーワードをもとに検索が行われる．コンテンツの意味内容を，一種のグラフ等を用いて表現しておく方法もある．このような場合は，内容表現をもとにして類似性を判定する．

4.2.3　点データに対する問い合わせ

　点データに対する問い合わせには，ある点が存在するか否かを問う問い合わせのほかに，ある領域内に存在する点を求める範囲問い合わせ，ある点に近接する k 個の点を求

める近接問い合わせ，ならびにある点に近いものから点を列挙する近接点列挙がある．

(1) 範囲問い合わせ（range query）

区間，または，領域を指定し，その中に含まれている点を求める問い合わせである．たとえば，図 4.4 (a) に示すような 2 次元空間上の点に対して領域 S を指定した場合，領域 S に含まれる点（点 d と点 e）を求める問い合わせである．

(2) k 近接問い合わせ（k-nearest neighbor query; kNN query）

ある点を指定し，その点にもっとも近接した k 個の点を求める問い合わせである．たとえば，図 4.4 (b) の点 f を指定した 3NN は，その最近接点である 3 点（点 b，点 a，点 c）を求める問い合わせである．次項の近接点列挙の意味で近接問い合わせを使用することも多い．

(3) 近接点列挙（distance scan）

ある点を指定し，その点に近い距離の点を，距離の近いものから順番に列挙する問い合わせである．たとえば，図 4.4 (c) の点 f を指定して，その点から近い順（点 b，点 a，点 c，点 e，点 d の順）に点を求める問い合わせである．

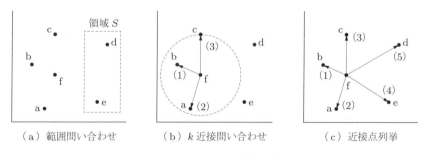

図 4.4 点データに対する問い合わせ

4.2.4 矩形データに対する問い合わせ

矩形データに対する問い合わせにも，点データに対する問い合わせと同様に，ある領域内に存在するものを求める包含問い合わせがある．また，矩形データは大きさをもつので，ある領域と交差するものを求める交差問い合わせがある．

(1) 交差問い合わせ（intersection query）

領域を指定し，その領域と交差する部分をもつ矩形データをすべて求める問い合わせである．

たとえば，図 4.5 に示すような 2 次元平面上の矩形群に対して領域 S を指定した場合，領域 S と交差する矩形（矩形 a, b, f, g, h, k, l, n, o, p）を求める問い合わせで

図 4.5 矩形データに対する問い合わせ

ある．

(2) 包含問い合わせ（containment query）

領域を指定し，その領域に完全に包含されている矩形データをすべて求める問い合わせである．

たとえば，図 4.5 に示すような領域 S を指定した場合，領域 S に完全に含まれる矩形（矩形 g と矩形 n）を求める問い合わせである．

4.3 マルチメディアデータに対する問い合わせ

ここでは，まず，空間に対する問い合わせと時間に対する問い合わせについて述べる．次に，マルチメディアデータに対する問い合わせとして，時系列データに対する問い合わせ，ならびに時空間的データに対する問い合わせについて述べる．最後に，印象に基づく問い合わせについて述べる．

4.3.1 空間に対する問い合わせ

空間に対する問い合わせは，前述の点データに対する問い合わせと矩形データに対する問い合わせである．データを点データとして扱うか，矩形データとして扱うかは，データおよび問い合わせの性質によって異なる．

たとえば，地図上で半径 1 km 以内にあるレストランを求めるという問い合わせでは，レストランは点データとして扱われ，範囲問い合わせとして問い合わせが記述されることが多い．

一方，避難区域に存在する建物を求めるという問い合わせでは，建物は大きさをもっ

たデータとして扱われ，交差問い合わせ（または包含問い合わせ）として問い合わせが記述されることが多い．

4.3.2 時間に対する問い合わせ

時間に対する問い合わせも，空間に対する問い合わせと同様に，問い合わせ範囲が点である場合と区間である場合とがある．前者は，ある時刻 t についての問い合わせである．たとえば，2015 年 1 月 1 日に在籍していた学生を求めるといった問い合わせである．後者は，3.1.2 項で説明した時区間論理に基づく問い合わせである．たとえば，ある時区間 T 内に在籍していた学生を求めるといった問い合わせである．これは，時区間の交差問い合わせや包含問い合わせとして扱うことも可能である．

さらに，時間に対する問い合わせは，問い合わせの対象となる時間が，有効時間である場合と，トランザクション時間である場合とでも分けられる．有効時間に対する問い合わせとは，ある事物が現実に存在したかを問う問い合わせである．たとえば，上記の 2015 年 1 月 1 日に在籍していた学生を求める問い合わせは，有効時間に対する問い合わせである．一方，トランザクション時間に対する問い合わせは，ある時刻に事物のデータがデータベース中に存在したか否かを問う問い合わせである．たとえば，2015 年 1 月 1 日にデータがデータベース中に存在していた学生を求める問い合わせである．この場合，現実には 2015 年 1 月 1 日に在籍していたとしても，データベースに入力されたのがそれより後であれば，問い合わせ結果には含まれない．

4.3.3 時系列データに対する問い合わせ

時系列データに対する問い合わせは，完全一致検索と部分一致検索に分けられる．検索キーとなる時系列データの長さを l_{key}，検索対象の時系列データの長さを l_{target} とすると，完全一致検索では $l_{\text{key}} = l_{\text{target}}$ であり，部分一致検索では $l_{\text{key}} < l_{\text{target}}$ である．

また，時系列データといっても，以下に示すように様々なものがある．

- 動きの緩やかなもの：全体で一つまたは数個の山ができるような緩やかな変化のものである．
- 動きの激しいものを一部に含むもの：全体としては緩やかな変化であるが，途中に発振を含むようなものである．
- 全体的に激しい動きのもの：1 標本点ごとにプラスとマイナスが交互に現れるような激しい動きのものである．

次に，類似性の判定であるが，もっとも基本的な判定は時系列データそのものが類似しているかどうかを判定するものである．このほかに，移動平均やシフトといった

変換を施した結果が似ているかどうかを検査する判定もある.

4.3.4 時空間問い合わせ

時間と空間両方に対する問い合わせである. まず, 一般的な時間と空間に対する問い合わせについて述べる. 次に, 時系列データとしての動画に対する問い合わせについて述べる.

(1) 時間と空間に対する問い合わせ

ここでは, 空間問い合わせと時間問い合わせの組み合わせなどに力点を置いた方法について述べる. 時空間データに対する問い合わせは, 大きく以下の3種類に分類できる[15].

- 単なる空間問い合わせ, または単なる時間問い合わせ:

  空間関連のみ, もしくは時間関連のみが出現する問い合わせである. たとえば, 「アイコン A に重なったものは何か」というような問い合わせである. これは, 4.3.1 項や 4.3.2 項で述べた問い合わせである.

- 時空間問い合わせ:

  空間関連ならびに時間関連が出現する問い合わせである. たとえば, 「表示中にアイコン A に重なったものは何か」というような問い合わせである.

- レイアウト問い合わせ:

  アプリケーションの空間レイアウトまたは時間レイアウトに対する問い合わせである. たとえば, 「22 秒目のスクリーンレイアウトはどんなものか」というような問い合わせである.

(2) 時系列データとしての動画に対する時空間問い合わせ

動画は静止画の時系列であるので, 4.3.3 項で述べた時系列データに対する問い合わせと同様に, 完全一致検索と部分一致検索がある. これらの検索は, 検索キーとなる動画をもとにする.

また, 動画の内容に対する問い合わせがある. これには, 動画中のイベントを求めるイベント問い合わせと, 動画中の対象等の時間的変化に対する時間的変化問い合わせがある.

- イベント問い合わせ:

  動画中のイベントを求める問い合わせである. たとえば, 野球の試合でホームランを打ったシーンを求める問い合わせである.

- 時間的変化問い合わせ:

  動画中の対象物, 背景や画像全体が時間的に変化するシーンを求める問い合わ

せである．たとえば，だんだん若返るシーンを求めるという問い合わせである．
　ここでは，変化の仕方や変化の度合いに言及する場合もある．たとえば，信号がゆっくりと点滅するシーンを求める問い合わせである．

4.3.5　印象に基づく問い合わせ

　画像，音楽，動画といったマルチメディアデータは，人間に対して何らかの印象を与える．たとえば，ある風景画像が爽やかな印象を与えるなどである．この印象に基づく問い合わせを，マルチメディアデータに対する問い合わせでも考慮する必要がある．

　印象に基づく問い合わせでもっとも基本的な方法は，爽やかな，美しい，楽しいといった印象語を使用する方法である．

　次に，印象が類似した同種メディアデータの検索がある．たとえば，画像どうしでは，信号的に類似のものは印象が似ている傾向にあると考えられるが，それだけではなく，信号的にあまり類似していなくても印象が似ているということがある．このような印象に基づく問い合わせでは，人間にとってどのように感じられるかを把握して検索を行うことになる．また，これには個人差がかかわることが多く，ユーザ適応が必要とされる．

　そして，印象が類似した異種メディアデータの検索がある．これは，たとえば，画像と印象が類似した音楽を求めるといった検索である．これも，印象が類似した同種のメディアデータの検索と同様に，人間にとってどのように感じるかを把握して検索を行うことになる．

4.4　問い合わせ事例

4.4.1　画像・音楽・動画検索

　画像や音楽，動画を対象とした検索の例を以下に示す．これらは，おぼろげな記憶やあいまいな情報からマルチメディアデータを求めるという問い合わせである．

(1)　画像検索

　ラフなスケッチから絵画や写真を求める問い合わせが該当する．スケッチをもとに，構図や配色が類似した絵画を求めるという問い合わせである．自分の好みの配色の絵画や写真を求めることができる．

(2)　音楽検索

　曲名やアーティスト名がわからないが，サビのメロディーがわかるような場合，ハミングにより曲を求める問い合わせである．原曲を求めることができるほか，カバー

楽曲も求められる可能性がある．また，間奏等にそのメロディーがアレンジされて挿入されているまったく別の楽曲が求められる可能性もある．

(3)　動画検索

あるダンスの動きと類似した動きをもつダンスを求めたり，ある台風の進路と類似した進路の過去の台風を求める問い合わせがこの例である．

また，光り方が類似の発光を求めたり，類似の行動を行う動物を求めたり，成長が類似の結晶を求めたりすることも可能で，物理学，生物学，化学といった科学分野でも利用可能である．

4.4.2　情報抽出

マルチメディアデータからの情報抽出の例を以下に示す．地理的な情報を求めたり，防犯カメラでの撮影映像から様々な情報を求めたりする場合である．また，著作権侵害等の検出にも役立てられる．

(1)　地図上での情報抽出

地図上での検索という点では，現在地から半径1km以内のレストランを求めるという問い合わせが代表的なものである．これは，PC画面に表示されている地図上の対象物（レストランやホテル）を求めるという際にも利用される．

(2)　ビデオカメラでの撮影映像からの情報抽出

交差点に設置されたビデオカメラで撮影された映像をもとに，自動車が衝突したシーンを含む交通事故のシーンを求める際に利用できる．また，不審な行動をする人を求めるといったように，セキュリティ対策にも利用できる．駅のプラットフォームから落ちそうな人を求めたり，海で溺れている人を求めたりするなど，危険回避に利用することも考えられる．

(3)　違法性の検出

たとえば，類似楽曲の検索で盗作楽曲を求めるなど，著作権侵害があるコンテンツを求めることも考えられる．また，ヘイトスピーチ動画，倫理的に不適切な動画や暴力的な動画を検出することも可能である．インターネット上には大量のコンテンツがあり，この中から違法性の高いものを求めるには有効な問い合わせである．

(4)　違いの算出

問い合わせではないが，問い合わせを行う際に求める非類似度や類似度を利用すると，動きの違いを求めることができる．これにより，教師と生徒の動きの違いや，熟

練者と初心者の動きの違いを定量的に提示することが可能となる．これにより，学習の進度を早められる可能性がある．

4.4.3 感性検索

印象や気分といった，感性に基づいて検索を行う例を以下に示す．場の雰囲気作りや，個人の感情への働きかけなどに役立てられる．

(1) BGM，BGV の選出

前述のような，印象に基づく異種メディアデータ検索を利用するものである．ある動画に印象が合う音楽（BGM）を求める場合や，その逆で，音楽に印象が合う動画（BGV）を求める場合に利用できる．

このためには，印象や意味，速度やアクセント構造の調和の度合いを勘案して異種メディアデータの類似度を算出し，利用することを考慮する必要がある．利用者が行う表層的な問い合わせは単純であるが，類似度のレベルでの検索条件としてはかなり複雑な問い合わせとなる．

(2) 思い出コンテンツの選出

たとえば，個人が所有する写真や記録ビデオから，被写体が微笑んでいるものといった楽しい印象のものを選出し，さらに，それに合った音楽を付加して利用者に提示することも可能である．これを利用して，高齢者の方に，昔を回顧してもらうことや，脳に刺激を与えて脳の老化防止に役立てることも考えられる．

(3) 気分に合ったコンテンツ検索

そのときの気分に合ったコンテンツを検索するものである．たとえば，性別，文化の違い，季節や時間帯を考慮するのみでなく，利用者の表情や声音から利用者のそのときの気分を検出し，その気分に合った音楽や動画を提示する．場合によっては，落ち込んだ気分を徐々に解消し晴れやかな気分にするようなコンテンツの提示も考えられる．自殺を抑止することができれば，社会にとっても有益であると考えられる．

演習問題

4.1 市街地距離からマハラノビスの汎距離まで様々な距離があるが，ある距離ではうまく表現できるがほかの距離ではうまく表現できない例を示せ．

4.2 次元の呪いが発生している例を示せ．

4.3 様々なレベルでの類似性の判定を，動画と音楽を例にして説明せよ．

4.4 4.2.2 項で述べた様々な検索の手がかりを，動画を検索する場合を例にして説明せよ．

第5章

多次元データに対する索引構造

　地図上の建物の位置を管理しようとすると，組 (緯度, 経度) が必要となる．これは 2 次元平面中の点である．また，画像や動画を特徴量に基づいて検索しようとすると，画像や動画の特徴量を扱わなければならない．これらの特徴量は 100 個以上になることもある．この場合，画像や動画は 100 次元以上の空間中の 1 点で表される．このように，マルチメディアデータに対する検索を行おうとすると，多次元データを扱う必要性がある．

　このような多次元データは，B^+ 木のような数値・文字に対する索引構造でも扱うことができる．これは，マルチカラムインデックスとよばれるもので，多数のデータ項目の値を使用して索引付けを行うものである．この場合，索引付けする値には優先順位がある．たとえば，三つのデータ項目 A，B，C に対してマルチカラムインデックスを付けようとすると，まず，データ項目 A の値に着目して順序付けが行われる．データ項目 A の値が同一の場合，データ項目 B の値に着目して順序付けが行われる．データ項目 B の値も同一の場合は，データ項目 C の値に着目して順序付けが行われる．このように，順序付けするデータ項目に順番があるのである．

　これを多次元データに対してそのまま適用すると問題が発生する．ここでは，以下に示す五つの 3 次元の点を考えよう．

$$A(1,2,2), \quad B(2,1,3), \quad C(2,2,5),$$
$$D(2,3,3), \quad E(3,1,4)$$

これらの五つの点に対して，点 $Q(2,2,2)$ に近いものを求めることを考えよう．これらを B^+ 木で管理した場合，点 Q の 1 次元目の値は 2 であるので，1 次元目の値が等しい点 B，C，D が候補となる．次に，点 Q の 2 次元目の値の 2 について判定され，2 次元目の値が等しい点 C が候補となる．したがって，点 C が結果として得られる．しかし，点 Q と点 C の間の距離は 3 である．一方，点 Q と点 A の間の距離は 1 であり，点 Q にもっとも近いのは点 A である．したがって，多次元データの場合，点 A が結果として得られなければならないのである．

　B^+ 木で望む結果が得られないのは，マルチカラムインデックスでは評価するデータ項目に優先順位があるためである．多次元データに対しては，次元に優先順位を付

けず，すべての次元を平等に扱う必要があるが，マルチカラムインデックスではそれができない．したがって，すべての次元を平等に扱える索引構造が必要である．本章では，このような索引構造（多次元索引構造）について説明する．

まず，大きさをもたない点データに対する索引構造について説明し，その後，大きさをもつ矩形データに対する索引構造について説明する．最後に，高度な索引構造について説明する．

5.1 点データに対する索引構造

木構造に基づく索引構造として k-d 木と 4 分木・8 分木について説明し，ハッシュ法に基づく方法としてグリッドファイルと LSH について説明する．

5.1.1 k-d 木

k-d 木（k-dimensional binary search tree）は，多次元での領域探索を効率よく行うために，1 次元の 2 分探索木を一般の k 次元に拡張したものである[16]．

k-d 木では，ある次元に着目し，その次元における中央の点でデータ集合を 2 分割し，分割された点集合に対して，次に着目する次元の中央点でデータ集合を分割するということを繰り返す．図 5.1 に例を示す．この例では，はじめに次元 x_i に着目して 2 分割を行い，次に，x_{i+1} に着目して 2 分割を行っている．n 次元を尽くしてもデータが 1 個にならない場合は，第 1 次元に戻って分割を繰り返す．

k-d 木は，指定された矩形領域 R 内に存在する点の列挙に適し，また，動的に変化しないデータ（静的データ）を扱うのに適している．

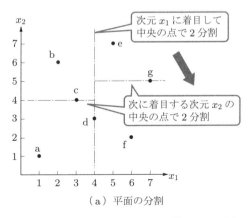
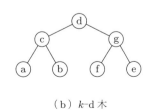

（a）平面の分割　　　　　　　　　　（b）k-d 木

図 5.1　k-d 木

(1) 構造

k-d 木の構造は 2 分木である．すなわち，子へのポインタをたかだか二つもつ．データとしては，n 次元空間の点を表す座標（n 次元ベクトル）をもち，必要ならばデータ実体へのポインタをもつ．

(2) 指定領域 S に含まれる点の列挙

探索は基本的に 2 分探索木と同じである．点の列挙の手続きの概要を**アルゴリズム 5.1** に示す．指定領域 S に根の点が含まれているならば，その点を求める点とする（S1）．S が左領域と交わるならば，左領域を再帰的に探索し（S2），S が右領域と交わるならば，右領域を再帰的に探索する（S3）．交わりをもつかの判定には，着目している次元を使用するので，手続き Search では着目している次元を指定している．

アルゴリズム 5.1 k-d 木での探索

```
Algorithm Search
  Input:
    R: k-d木（の部分木）の根ノード, S: 探索領域（n次元）,
    d: 着目している次元（0から開始）
  Output:
    Sにオーバーラップする全オブジェクト
  Method:
    S1  //【根ノードが探索領域に含まれているか】
        if(RがSに含まれる) then
          Rを求める点とする.
        endif
    S2  //【左部分木の再帰的探索】
        if(Sが左部分木と交わる) then
          Search(R->left, S, (d+1)mod(n))
        endif
    S3  //【右部分木の再帰的探索】
        if(Sが右部分木と交わる) then
          Search(R->right, S, (d+1)mod(n))
        endif
  End
```

(3) k-d 木の作成

k-d 木では，着目する次元を変えながら点集合を 2 分割して木を構成していく．k-d 木の作成の手続きの概要を**アルゴリズム 5.2** に示す．点集合に点が一つしか含まれていないならば，その点をもつノードを作成し，そのノードを返却する（C1）．点集合に複数の点が含まれているならば，点集合を d 次元上でソートして中央の点を求め，d 次

5.1 点データに対する索引構造　　*85*

元に垂直な超平面で点集合を 2 分割する．各部分空間に対して，d 次元の次の次元に着目するように指定して再帰的に木を作成する（C2）．

アルゴリズム 5.2　*k*-d 木の作成

```
Algorithm Create
  Input:
    T: 点集合，  d: 着目している次元（n次元. 0から開始）
  Output:
    R: k-d木（の部分木）の根ノード
  Method:
    C1  //【ノードの作成】
        if(Tに含まれる点が点pのみ) then
          点pに対応するノードnode_pを作成し，node_pを返却する.
    C2  //【点集合を2分割する】
        else if(Tに複数の点が含まれている) then
          第d次元に着目して点集合Tをソートし，中央点mを求める.
          点mに対応するノードnode_mを作成する.
          T_l =第d次元において，mより小さい点の集合
          T_r =第d次元において，mより大きい点の集合
          node_m->left = Create(T_l, (d+1)mod(n))
          node_m->right = Create(T_r, (d+1)mod(n))
          node_mを返却する.
        endif
  End
```

(4)　*k*-d 木の実際

ここでは，実際の点データをもとに *k*-d 木の作成について見てみよう．以下に示す 2 次元平面内の七つの点を考えよう．

$$a(1,1), \quad b(2,6), \quad c(3,4), \quad d(4,3),$$
$$e(5,7), \quad f(6,2), \quad g(7,5)$$

これらの点を管理する *k*-d 木を構成しよう．まず，第 1 次元の中央の点を求める．これは点 d であり，これが根ノードとなる．点 a，b，c の第 1 次元の値は点 d の値の 4 よりも小さいので，これらの点は点 d の左部分木に格納される．一方，点 e，f，g の第 1 次元の値は点 d の値の 4 よりも大きいので，これらの点は点 d の右部分木に格納される．この状況を**図 5.2**(a) に示す．

次に，点 d の左部分木を考えよう．ここには，点 a，b，c が格納される．これらの点の第 2 次元の値の中央の値は 4 であり，点 c がこの部分木の根となる．点 a の値（1）は 4 より小さいので，点 a は点 c の左に連結される．点 b の値（6）は 4 より大きい

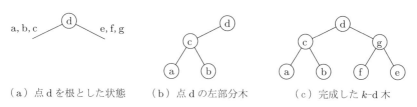

(a) 点dを根とした状態　　(b) 点dの左部分木　　(c) 完成したk-d木

図 5.2　k-d木の構成

ので，点bは点cの右に連結される．ここまでの状況を図 (b) に示す．

同様にして，点dの右部分木も構成される．点e，f，gの第2次元の値の中央の値は点gの5であるので，点gが右部分木の根となる．点fの値（2）は5より小さいので，点fは点cの左に連結される．点eの値（7）は5より大きいので，点eは点cの右に連結される．このようにしてk-d木が構成される（図 (c)）．

5.1.2　4分木・8分木

地理情報システムでは，索引構造として **4分木** や **8分木** が使用されることが多い．4分木では，名前のとおり，平面を4分割して管理する．これは，x軸とy軸により平面が4分割されることに着目したものである．各部分平面中に点が一つになるまで分割を繰り返して木を構成する．したがって，平衡木にはならず，また，点が存在しない部分平面が数多く存在する可能性もある．4分木の概要を **図 5.3** に示す．子のノードがないことを小さい四角で表している．ノードから出ているリンクは，北東，北西，南西，南東の順で出ているものとしている．木構造が平面上の座標と対応しているので，地図上の点をわかりやすく管理できる．

8分木は，4分木に高さのz軸を加えたものである．分割された部分空間を，各部分空間に点が一つになるまで，再帰的に分割していく．

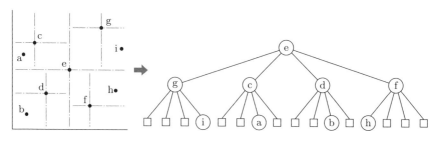

図 5.3　4分木

5.1.3 グリッドファイル

グリッドファイル（grid file）は，ハッシュ法に基づいて多次元データを効率よく検索する方法である[17]．基本的にディスクアクセス2回で検索可能とする方法で，どの次元に対しても効率的な範囲検索ができる．

グリッドファイルは，グリッドを表現するためのグリッドディレクトリと，実際の点データ（へのポインタ）を格納するバケットから構成される（**図 5.4**）．グリッドディレクトリは，各次元のグリッドの区切りを表すリニアスケール，ならびにグリッドブロックから構成されている．バケットはグリッドブロックから指されており，また複数のグリッドブロックで共有可能である．検索時は，リニアスケールをもとに関係するグリッドブロックを割り出し，バケットにアクセスして検索候補を求める．ただし，バケット内のデータが真に検索条件を満足しているか確認する必要がある．

グリッドファイルはグリッドブロックの割り出しとバケット内の検索という2回のアクセスで済むため高速であり，また，動的なデータの変更に対処できる．しかし，あらかじめ空間を決定し，グリッドを決定しておく必要がある．

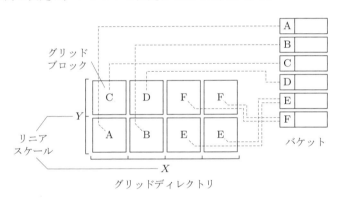

図 5.4 グリッドファイル

(1) 構造

バケットは，レコードの格納単位であり，固定長である．グリッドディレクトリは m 次元配列であり，配列の各要素はグリッドブロックに対応する．たとえば2次元の場合，2次元配列 $G[n_x][n_y]$ である．グリッドブロックがバケットを指し，バケットは複数のグリッドブロックから共有可能である．そして，リニアスケールは m 個の1次元配列であり，各スケールは各次元のドメイン S の分割を定義している．たとえば2次元の場合，2個の配列 $X[n_x+1]$，$Y[n_y+1]$ をもち，それぞれ各次元のとり得る値をどのように分割するかを定義している．

(2) 指定領域 R 中の点の列挙

グリッドファイルにおける検索は単純である．指定領域 R と交わりをもつ領域を m 個のリニアスケールを用いて求め，R と交わりをもつグリッドディレクトリの要素（複数になることもある）からグリッドブロックにアクセスし，グリッドブロックの指すバケットに格納されている点を検索候補として得ればよい（図5.5）．

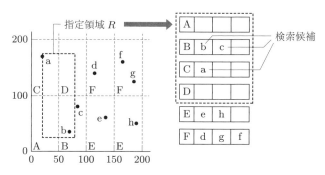

図 5.5　点の列挙

(3) 挿入

基本的には，点の挿入も検索と同様に行われる．点を挿入するグリッドブロック（グリッドディレクトリの要素）をリニアスケールを用いて決定し，そのグリッドブロックの指すバケットに点を格納する．バケットに空きがなく，かつ，そのバケットが複数のグリッドブロックから指されている（すなわち共有されている）場合は，バケットを分割し，グリッドブロックから適正にバケットを指すようにする（図5.6）．バケットに空きがなく，かつ，そのバケットが一つのグリッドブロックからのみ指されている場合は，チェイニング法等を使用してあふれを克服する．

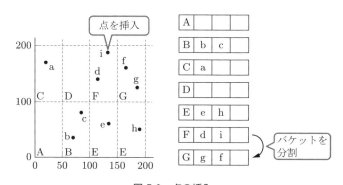

図 5.6　点の挿入

5.1.4 LSH

ハッシュは，本来，データをできる限りばらばらに配置し，データアクセスの並列性を高めることを主眼としている．したがって，類似のデータはなるべく近接しないように配置される．これに対し，**局所性敏感（局所性反映）ハッシュ法**（Locality-Sensitive Hashing; LSH）は，類似のデータを近接して配置し，高速な類似検索を可能とする[18]．

LSH では，扱う多次元データを複数の多次元データに分割し，その複数の多次元データごとにハッシュ関数を設定して点をハッシュし，最近傍検索を行う．たとえば，50 次元データを五つの 10 次元データに分割し，10 次元データごとにハッシュ関数を設定する．ハッシュ関数は，類似のデータの衝突の確率が高くなり，非類似のデータの衝突の確率が低くなるような関数とする．問い合わせの点に対して，それぞれのハッシュ関数を適用してハッシュ値を求め，そのハッシュ値で得られたバケット中のデータを求めることによって問い合わせが行われる．

LSH では，ベクトル p と q に対して以下の性質をもつハッシュ関数 h_i を設定する．

$$\|p - q\| \leq R \text{ ならば} \quad \Pr_H[h_i(q) = h_i(p)] \geq P_1$$
$$\|p - q\| \geq cR \text{ ならば} \quad \Pr_H[h_i(q) = h_i(p)] \leq P_2$$

ここで，R は距離の閾値，$c > 1$，$\Pr_H[F]$ は F となる確率であり，P_1 と P_2 は確率の閾値である．LSH が有効であるために，$P_1 > P_2$ である．

k 個のハッシュ関数（$g_j = h_{1,j}, \cdots, h_{k,j}$）で構成される L 個の関数群（$g_1, \cdots, g_L$）を用いてハッシングする．各 g_j では，k 個のハッシュ関数を適用して，すべてに含まれる点を g_j における検索候補点 C_j とする．L 個の関数群から得られた検索候補点の和（$\bigcup_{j=1}^{L} C_j$）を最終的な検索候補点とする（図 5.7）．

LSH では，2 段階のハッシュを行う．第 1 段階では，上記のハッシュ関数を使用してハッシュを行う．第 2 段階では，このハッシュ値をもとに通常のハッシュ関数によ

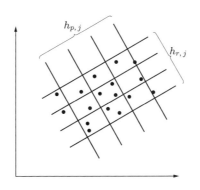

図 5.7　LSH の概念図

りハッシュを行う．2段階のハッシュを行うのは，第1段階のハッシュにより非常に多数の点が同一のバケットに含まれることになるためである．第2段階のハッシュにより，点が分散配置される．

　画像や動画から抽出される特徴量は，通常，非常に多数になり，場合によっては数千個となることも珍しくない．つまり，特徴量は非常に高次元のベクトルとなる．したがって，4.1.2項で説明した次元の呪いに対処する必要があり，通常は，次元削減を行って次元数を少なくする．次元削減は，重要なものを選出することで行われることが多い．たとえば，主成分分析を行って主要な成分のみにする方法である．これに対し，LSHでは，不要な次元を捨て去るのではなく，分割することでこの問題を解決し，さらに，利用することができる．

　LSHでは，検索漏れがないことの保証が困難である．検索条件を満足する確率の高いものが求められるが，検索漏れがないという保証はない．これが，LSHの最大の難点であるといえる．

5.2　大きさをもつデータに対する索引構造

　前節では，大きさをもたない点データに対する索引構造について説明した．ここでは，大きさをもつ多次元データに対する索引構造について説明する．大きさをもつデータは，一般に任意の形状をもつが，計算機上ではそのまま取り扱うのが非常に難しいので，データの**最小外接矩形**（minimum bounding rectangle; **MBR**）で近似して扱うことが多い（図5.8）．

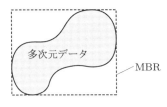

図5.8　最小外接矩形（MBR）

　ここでは，多次元の矩形データに対する索引構造について説明する．まず，大きさをもつ矩形データを，大きさをもたない点データに変換して扱う方法（変換法）について述べ，次に，木構造により矩形データを管理するR木，R^*木，ならびに，R^+木について述べる．最後に，空間を埋め尽くす曲線を用いて，多次元空間を1次元空間に変換する方法（空間充填曲線利用法）について述べる．

5.2.1 変換法

n 次元の MBR は $Rect(I_1, I_2, \cdots, I_n)$ で表される．ここで，I_i は，矩形の i 次元における最小値と最大値の組で表現される区間であり，$I_i = (p_{\min_i}, p_{\max_i})$ と表せる．この MBR $Rect$ は，組 $(\boldsymbol{q}_{\min}, \boldsymbol{q}_{\max})$ で表すこともできる．ここで，$\boldsymbol{q}_{\min}$ は区間 I_i の最小値を並べてできる n 次元ベクトルであり，$\boldsymbol{q}_{\min} = (p_{\min_1}, p_{\min_2}, \cdots, p_{\min_n})$ と表せる．また，$\boldsymbol{q}_{\max}$ は区間 I_i の最大値を並べてできる n 次元ベクトルであり，$\boldsymbol{q}_{\max} = (p_{\max_1}, p_{\max_2}, \cdots, p_{\max_n})$ と表せる．すなわち，$\boldsymbol{q}_{\min}$ と $\boldsymbol{q}_{\max}$ は n 次元の MBR の対角の 2 頂点である．

この $Rect$ は，$(p_{\min_1}, p_{\min_2}, \cdots, p_{\min_n}, p_{\max_1}, p_{\max_2}, \cdots, p_{\max_n})$ という $2n$ 次元空間中の点で表現できる．つまり，大きさをもつ n 次元のオブジェクトは，$2n$ 次元空間の点で表せるということである．このように，大きさをもたない点として表せば，前節で述べた索引構造を使用することが可能である．n 次元空間中の矩形を $2n$ 次元空間中の点に変換し，点に対する多次元索引構造を使用する方法を**変換法**（transformation method）という．

1 次元の線分を，変換法により 2 次元上の点とする例を図 5.9 に示す．線分 A と線分 B が 2 次元平面上の点に変換されている．2 次元平面上の矩形の場合は，4 次元空間中の点として表現されることになる．

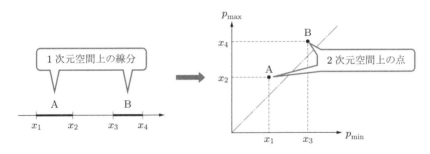

図 5.9 変換法の例

変換法には，点に対する多次元索引構造を使用でき，大きさをもつデータを扱うための特別な索引構造を使用しなくてよいという長所がある．しかし，欠点もいくつかある．矩形を表現する 2 点は，前述のように，$\boldsymbol{q}_{\min}$ と $\boldsymbol{q}_{\max}$ で表される．ここで，$\boldsymbol{q}_{\min}$ は全次元での最小値の n 項組で表現される点であり，$\boldsymbol{q}_{\max}$ は全次元での最大値の n 項組で表現される点である．したがって，必ず，$\boldsymbol{q}_{\min} \leq \boldsymbol{q}_{\max}$ という関係が成立する（$\boldsymbol{q}_{\min} = \boldsymbol{q}_{\max}$ は矩形ではなく点のとき）．これは，$2n$ 次元空間において，$x_1 = x_2 = \cdots = x_n$ なる超平面の片側しか使用しないことを意味する．たとえば，図 5.9 でも，2 次元平面の半分の領域（図では上三角部分）しか使用しない．このように，$2n$ 次元空間の全領域

を検索に使用しないので，効率がよくないという問題がある．また，現実の応用では，オブジェクトの大きさが同程度のことが多い．この場合，オブジェクトのMBRを表す2点は，q_{min}が決まるとq_{max}がほぼ決まることになり，q_{min}を表す超平面から一定距離の領域に点が分布するということになる．したがって，$2n$次元空間のごく一部の空間しか使用しないことになり，さらに効率が悪くなる可能性がある．

5.2.2 R木

R木[19]（R-tree）は，B木のような構造をもつ平衡木で，大きさのある多次元データ（空間オブジェクト）を効率的に管理することを可能とする．R木では，空間オブジェクトを包含するMBRでその空間オブジェクトを管理し，さらに，そのMBRの集まりを，それらを包含するMBRで管理する．多数の大きさをもつ空間オブジェクトを管理するR木を図5.10に示す．図に示すように，いくつかのMBRがまとめられて，さらに大きなMBRとして管理されている．

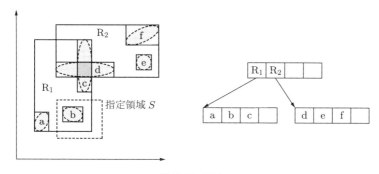

図5.10 R木

R木は，問い合わせで指定された領域（指定領域）に交差する空間オブジェクトを求めるのに適している．この検索は，指定領域と交差するMBRに対して再帰的に検索を行うことで行われる．図5.10で示した指定領域Sに対しては，最初，根ノードから検索が始まり，Sと交差する領域をもつR_1に対して検索が進み，R_1に含まれるMBR a, b, cについてSと交差するかが検査され，最終的にMBR bが検索候補となる．この後，MBR bに含まれる空間オブジェクトが本当にSと交差しているかが検査され，交差している場合はその空間オブジェクトが検索結果となる．

R木では空間オブジェクトの動的な挿入や削除が可能である．すなわち，空間オブジェクトが動的に挿入・削除された場合，それらの操作に対応するようにR木を変更することができる．しかし，R木ではしばしばMBRとMBRがオーバーラップすることがあり，たとえば，R_1とR_2のオーバーラップ部分にSが交差しているとR_1と

5.2 大きさをもつデータに対する索引構造　　93

R_2 の両方を調べないといけなくなるため，オーバーラップによって検索効率が低下してしまうという欠点がある．

(1) 構造

MBR $Rect$ を用いると，R 木の葉以外のノードのエントリは $(Rect, p)$ で表される．ここで，p は子ノードへのポインタである．この場合，$Rect$ は子ノード中のエントリのすべての MBR に対する MBR である．また，oid をデータベース中の空間オブジェクトの識別子とすると，R 木の葉ノードのエントリは $(Rect, oid)$ で表される．

R 木のノードは，M を 1 ノード中に含まれ得る最大エントリ数とし，m（$2 \leq m \leq M/2$）を 1 ノード中に含まれ得る最小エントリ数とすると，葉ノードは根でなければ m 以上 M 以下の子をもつ．そして，根ノードが葉ノードでない場合，少なくとも二つの子をもつ．すべての葉ノードは同一レベルに出現する．

(2) 指定領域 S に交差する空間オブジェクトの列挙

指定領域 S に交差する空間オブジェクトの列挙は簡単である．この手続きを**アルゴリズム 5.3** に示す．R 木の根ノードから始めて，ノード中のエントリと指定領域 S が交差している場合は，そのエントリ中の子ノードを根とする部分木を再帰的に検索し（S1），ノードが葉ノードの場合は，指定領域 S に交差しているエントリ中の oid を検索結果候補として返却する（S2）．

アルゴリズム 5.3　空間オブジェクトの列挙

```
Algorithm Search
  Input:
    R: R木（の部分木）の根ノード，S: 探索領域
  Output:
    Sに交差する全オブジェクト
  Method:
  S1  //【部分木の探索】
      if(Rは葉ノードでない) then
        foreach (Rect, p) in R
          if(RectがSと交差する) then
            Search(p, S)
          endif
        end
  S2  //【葉ノードの探索】
      else
        foreach (Rect, oid) in R
          if(RectがSと交差する) then
            oidを返却する.
```

94   第5章　多次元データに対する索引構造

```
              endif
           end
        endif
 END
```

(3) 挿入

R木への新たなエントリの挿入手続きの概要を**アルゴリズム 5.4** に示す．まず，ど
の葉ノードに挿入するかを決定する（手続き ChooseLeaf）．挿入すべき葉ノードが決
定したら，エントリを挿入する．その葉ノードに空きがあるならば，単にエントリを
挿入するのみでよいが，空きがない場合はノード分割を行う（手続き SplitNode）．次
に，変更を R 木の上方に伝播させる（手続き AdjustTree）．最後に，根ノードが分
割されることになった場合は，新たな根ノードを作成し，分割でできた二つのノード
を子ノードとする．手続き ChooseLeaf においても，手続き SplitNode においても，
最小の領域拡張を判断基準にしている．

アルゴリズム 5.4　R 木への新エントリの挿入

```
Algorithm Insert
  Input:
   R: R木 (の部分木) の根ノード，E: 挿入エントリ
  Method:
   I1  //【新エントリの挿入ノード (葉ノード) の決定】
       L = ChooseLeaf(R, E)
   I2  //【挿入ノードに新エントリを追加】
       if(LにEを挿入する余地がある) then
         LにEを挿入する.
       else
         LL = SplitNode(L, E)
       endif
   I3  //【変更を上に波及させる】
       AdjustTree(L, LL)
   I4  //【木を成長させる】
       if(ノード分割が根に達した) then
         新しい根ノードを作成する.
         分割でできた2ノードを新しい根ノードの子ノードとする.
       endif
  End
```

これらの手続きについて，詳細に説明しよう．
まず，新エントリを挿入すべき葉ノードを求める手続き ChooseLeaf について述べ

る．これはつまり，新エントリがどの葉ノードの MBR に含まれるべきかということ
であるが，新エントリと葉ノードの MBR が交差しない場合にも候補を選び出す必要
があるので，(2) の列挙のような手続きで探すことはできない．そこで，既存のエント
リの中でもっとも新エントリに「近い」ものを探し，そのエントリを格納している葉
ノードを，新エントリを追加すべき葉ノードとする．この「近さ」には，エントリの
追加に伴う領域拡張の大きさを用いる．すなわち，二つのエントリが近接しているほ
ど二つのエントリを囲む MBR が小さくなることから，既存のエントリに新エントリ
が加わったとき，MBR の面積の増加量がもっとも小さいものを探せばよい．エント
リ E_i に対してエントリ E_j が加わったときの領域拡張 $ae(E_i, E_j)$ は，E_i と E_j を包
含する MBR を J とすると，次式で求められる．

$$ae(E_i, E_j) = J \text{ の面積} - E_i \text{ の面積} \tag{5.1}$$

これが最小となるエントリを格納している葉ノードが，新エントリを挿入すべき葉ノー
ドである．

　葉ノードに空きがなければ，次に，ノード分割（手続き SplitNode）を行う．この
方法としては，以下に示す，しらみつぶし法，2 乗コスト法，線形コスト法が考えら
れている．

- **しらみつぶし法**：
  　葉ノード中の M 個のエントリと新エントリの計 $M + 1$ 個のエントリを二つに
  分けるすべての組み合わせ[†] について，もっとも少ない領域拡張で済む組み合わせ
  を求めて，二つのノードに分割する．もっとも理想的な分割方法であるが，M が
  大きくなると組み合わせが爆発的に増加するため，実質上は不可能な方法である．
- **2 乗コスト法**：
  　この方法と次の線形コスト法では，分割のための二つのエントリ（シードとよ
  ぶ）を求め，そのシードにほかのエントリを加えていくことで全エントリを二つ
  のグループに分割する．概要を**アルゴリズム 5.5** に示す．

アルゴリズム 5.5　R 木のノード分割（2 乗コスト法，線形コスト法）

```
Algorithm SplitNode21
  Input:
    L: R木（の部分木）の葉ノード，E: 挿入エントリ
  Output:
    LL: 新ノード
  Method:
```

---

† 　実際には，m 個と $M + 1 - m$ 個への分割から $M/2$ 個と $(M/2) + 1$ 個への分割までである．

```
P0  //【全エントリを求める】
    W = {L.E1, L.E2, …, L.En} ∪ {E}
P1  //【シード選出】
    (S1, S2) = SelectSeeds(W)
P2  G1 = {S1}; G2 = {S2}; W = W - S1 - S2
P3  //【W中のエントリをG1かG2に割り当てる】
    while(W≠{} または G1とG2のエントリ数がM未満)
P4    //【エントリを選出】
      Et = SelectNext(W)
P5    //【Etを領域拡張の少ないグループに割り当てる】
      if(領域拡張(G1,Et) <= 領域拡張(G2,Et)) then
        G1 = G1 ∪ {Et}
      else
        G2 = G2 ∪ {Et}
      endif
      W = W - Et
    end
P6  //【未割り当てエントリがあればエントリ数が
    // MでないグループGiに割り当てる】
    if(W≠{}) then
      Gi = Gi ∪ W
    endif
P7  G1中のエントリをLに格納する.
P8  新ノードLLを作成し, G2中のエントリをLLに格納する.
P9  return LL
End
```

　まず，二つのグループのもととなる二つのエントリ（シード）を求め（シード
選出；P1），それぞれ別のグループのエントリとする（P2）．そして，残りのエン
トリを二つのグループのどちらかに割り当てる（P3）．ここでは，残りのエントリ
から1個のエントリ E_t を選出（次エントリ選出；P4）し，E_t を加えると領域拡
張が少なくなるグループに E_t を加える（P5）．全エントリの割り当てが完了すれ
ば，分割を完了する．ただし，全エントリの割り当てが完了しなくても，少なく
とも一方のグループのエントリの数が M となったら割り当てを終了し，他方の
グループに残りのエントリを割り当てて分割を終了する（P6）．一方のグループ中
のエントリを既存のノードに格納し（P7），新ノードを作成して他方のグループ中
のエントリを格納する（P8）．新ノードを返却してノード分割を終了する（P9）．

　次に，2乗コスト法のシード選出法と次エントリ選出法について述べる．複数
のエントリを包含する MBR には，エントリ自身が占める領域のほかに，何も存
在しない領域，つまり**むだ領域**（dead space）が存在する．したがって，そのむだ

領域が最大になる 2 個のエントリの組み合わせについて，それぞれを別のグループに分けるようにすれば，もっとも少ない領域拡張で分割できるはずである．これに基づいて，「シード選出」では，葉ノード中の M 個のエントリと新エントリの合計 $M+1$ 個のエントリの中の任意の 2 個のエントリ E_i と E_j について，次式で求められるむだ領域 $ds(E_i, E_j)$ を求める．

$$ds(E_i, E_j) = J \text{ の面積} - E_i \text{ の面積} - E_j \text{ の面積} \qquad (5.2)$$

ここで，J は E_i と E_j を包含する MBR である．そして，最大の $ds(E_i, E_j)$ となる E_i と E_j をシードとする．この方法でのシード選出にかかる計算量は，最大エントリ数 M の 2 乗のオーダになる．そのため 2 乗コスト法とよばれる．

「次エントリ選出」では，まだ二つのグループに属していない全エントリについて，第 1 グループに属させた場合の領域拡張 ae_1 と第 2 グループに属させた場合の領域拡張 ae_2 を求め，ae_1 と ae_2 の差の絶対値を求め，これが最大のものを次エントリとする．

● 線形コスト法：

基本的な手続きは 2 乗コスト法と同じであるが，シード選出法と次ノード選出法が 2 乗コスト法とは異なる．

「シード選出」では，各次元について，最大の最小値をもつエントリと最小の最大値をもつエントリの組を求め，その差（ギャップ）を求めておく．その差を各次元の全長で割って正規化する．そして，全次元でもっとも離れている組を求め，その組をシードとする．この方法でかかる計算量は最大エントリ数 M のオーダになる．そのため線形コスト法とよばれる．

「次ノード選出」では，残りのエントリから単に一つエントリを選出する．

最後は，変更の R 木の上方への伝播（手続き **AdjustTree**）である．新エントリ挿入によって，新エントリが挿入されたノードの MBR が変化することが多いので，そのノードの親ノードのエントリにその変更を施す．また，ノード分割が生じている場合は，親ノードに新規作成ノードに対応するエントリを挿入することになる．これは，挿入の手続きと同じである．つまり，親ノードに空きがあれば挿入し，空きがなければノード分割を行い，さらにその親ノードの変更を行う．これを根ノードに至るまで続ける．

(4) ノード分割の実際

ここでは，もっとも重要なノード分割（手続き **SplitNode**）を実際のデータに基づいて説明する．図 5.11 に示す 5 個の MBR を考えよう．ここで，$M=4$，$m=2$ とする．ノード中の最大エントリ数 4 を超えているので，ノード分割が発生する．

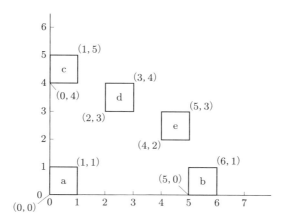

図 5.11 ノード分割を行うエントリ

- しらみつぶし法：

ノード中の最小エントリ数 $m = 2$ であるので，ここでは，5 個のエントリを 2 個と 3 個に分割すればよい．3 個以上のエントリのむだ領域は式 (5.2) を拡張して容易に求めることができる．S を n 個のエントリ E_i からなる集合とし，n 個のエントリを包含する MBR を J とすると，むだ領域 $ds(S)$ は次式により求められる．

$$ds(S) = J\text{ の面積} - \sum_{i=1}^{n} E_i\text{ の面積} \tag{5.3}$$

エントリの可能なすべての組み合わせに対して，むだ領域は以下のように求められる．

$$\begin{aligned}
ds(\{a,b\}) + ds(\{c,d,e\}) &= (6 \times 1 - 2) + (5 \times 3 - 3) = 16 \\
ds(\{a,c\}) + ds(\{b,d,e\}) &= (1 \times 5 - 2) + (4 \times 4 - 3) = 16 \\
ds(\{a,d\}) + ds(\{b,c,e\}) &= (3 \times 4 - 2) + (6 \times 5 - 3) = 37 \\
ds(\{a,e\}) + ds(\{b,c,d\}) &= (5 \times 3 - 2) + (6 \times 5 - 3) = 40 \\
ds(\{b,c\}) + ds(\{a,d,e\}) &= (6 \times 5 - 2) + (5 \times 4 - 3) = 45 \\
ds(\{b,d\}) + ds(\{a,c,e\}) &= (4 \times 4 - 2) + (5 \times 5 - 3) = 36 \\
ds(\{b,e\}) + ds(\{a,c,d\}) &= (2 \times 3 - 2) + (3 \times 5 - 3) = 16 \\
ds(\{c,d\}) + ds(\{a,b,e\}) &= (3 \times 2 - 2) + (6 \times 3 - 3) = 19 \\
ds(\{c,e\}) + ds(\{a,b,d\}) &= (5 \times 3 - 2) + (6 \times 4 - 3) = 34 \\
ds(\{d,e\}) + ds(\{a,b,c\}) &= (3 \times 2 - 2) + (6 \times 5 - 3) = 31
\end{aligned}$$

16 が最小であり，{a,b} と {c,d,e}，{a,c} と {b,d,e}，ならびに {b,e} と {a,c,d} の 3 組のどれでもよいということになる．図 5.12 のようになる．

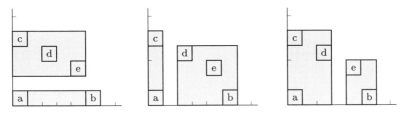

図 5.12 しらみつぶし法による分割結果

- 2乗コスト法:

まず，シード選出を行う．2乗コスト法では，エントリの二つのすべての組み合わせに対してむだ領域を求める．

$$ds(\mathrm{a},\mathrm{b}) = 6 \times 1 - 1 - 1 = 4$$
$$ds(\mathrm{a},\mathrm{c}) = 1 \times 5 - 1 - 1 = 3$$
$$ds(\mathrm{a},\mathrm{d}) = 3 \times 4 - 1 - 1 = 10$$
$$ds(\mathrm{a},\mathrm{e}) = 5 \times 3 - 1 - 1 = 13$$
$$ds(\mathrm{b},\mathrm{c}) = 6 \times 5 - 1 - 1 = 28$$
$$ds(\mathrm{b},\mathrm{d}) = 4 \times 4 - 1 - 1 = 14$$
$$ds(\mathrm{b},\mathrm{e}) = 2 \times 3 - 1 - 1 = 4$$
$$ds(\mathrm{c},\mathrm{d}) = 3 \times 2 - 1 - 1 = 4$$
$$ds(\mathrm{c},\mathrm{e}) = 5 \times 3 - 1 - 1 = 13$$
$$ds(\mathrm{d},\mathrm{e}) = 3 \times 2 - 1 - 1 = 4$$

この結果，最大のむだ領域をもつ b と c がシードに選出される．ここでは，二つのグループを $G_1^{(0)} = \{\mathrm{b}\}$, $G_2^{(0)} = \{\mathrm{c}\}$ とする．

次に，残りのエントリ a, d, e から次に処理するエントリを選出する．ここでは，$G_1^{(0)}$ と $G_2^{(0)}$ に挿入した場合の領域拡張の差が最大のものを選出する．

a: $\left|ae(G_1^{(0)},\mathrm{a}) - ae(G_2^{(0)},\mathrm{a})\right| = \left|(6 \times 1 - 1) - (1 \times 5 - 1)\right| = 1$

d: $\left|ae(G_1^{(0)},\mathrm{d}) - ae(G_2^{(0)},\mathrm{d})\right| = \left|(4 \times 4 - 1) - (3 \times 2 - 1)\right| = 10$

e: $\left|ae(G_1^{(0)},\mathrm{e}) - ae(G_2^{(0)},\mathrm{e})\right| = \left|(2 \times 3 - 1) - (5 \times 3 - 1)\right| = 9$

この結果，領域拡張の差が最大の d が選出される．この場合，領域拡張の小さい方に挿入されるので，$G_2^{(0)}$ に格納されることになる．したがって，$G_1^{(1)} = \{\mathrm{b}\}$, $G_2^{(1)} = \{\mathrm{c},\mathrm{d}\}$ となる．

残りのエントリ a, e に対して同様の処理を行う．

a: $\left|ae(G_1^{(1)},\mathrm{a}) - ae(G_2^{(1)},\mathrm{a})\right| = \left|(6 \times 1 - 1) - (3 \times 5 - 6)\right| = 4$

e: $\left| ae(G_1^{(1)}, e) - ae(G_2^{(1)}, e) \right| = |(2 \times 3 - 1) - (5 \times 3 - 6)| = 4$

領域拡張の差が同じであるので，エントリ a, e のどちらを入れてもよいことになる．

まず，エントリ a を採用した場合を考える．この場合，領域拡張が小さくなる $G_1^{(1)}$ に格納され，$G_1^{(2)} = \{a, b\}$，$G_2^{(2)} = \{c, d\}$ となる．

a: $ae(G_1^{(2)}, e) = 6 \times 3 - 6 = 12$
e: $ae(G_2^{(2)}, e) = 5 \times 3 - 6 = 9$

領域拡張の小さい方であるので，エントリ e は $G_2^{(2)}$ に入ることになる．したがって，$G_1^{(3)} = \{a, b\}$，$G_2^{(3)} = \{c, d, e\}$ に分割されることになる．

次に，エントリ e を採用した場合を考える．この場合も，領域拡張が小さくなる $G_1^{(1)}$ に格納され，$G_1^{(2)} = \{b, e\}$，$G_2^{(2)} = \{c, d\}$ となる．

a: $ae(G_1^{(2)}, a) = 6 \times 3 - 6 = 12$
e: $ae(G_2^{(2)}, a) = 3 \times 5 - 6 = 9$

領域拡張の小さい方であるので，エントリ a は $G_2^{(2)}$ に入ることになる．したがって，$G_1^{(3)} = \{b, e\}$，$G_2^{(3)} = \{a, c, d\}$ に分割されることになる．

以上より，図 5.13 のように $\{a, b\}$ と $\{c, d, e\}$ の分割，もしくは，$\{b, e\}$ と $\{a, c, d\}$ の分割となる．

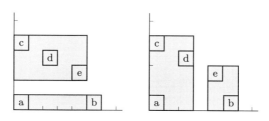

図 5.13 ２乗コスト法による分割結果

- 線形コスト法：

まず，シード選出を行う．シード選出では，各軸のギャップと全長を求める．これを表 5.1 にまとめて示す．l がギャップ長であり，w が全長である．$\max(p_{\min})$ と $\min(p_{\max})$ では，値をもつエントリをコロンの次に示している．

$\max(p_{\min})$ と $\min(p_{\max})$ に示したエントリを組み合わせてできる組は，(a, b)，(b, c)，(a, c) である．これらの l/w を足し合わせる．

(a, b): $2/3 + 0 = 10/15$

5.2 大きさをもつデータに対する索引構造　　*101*

表 5.1　各軸におけるギャップと全長

p	$\max(p_{\min})$	$\min(p_{\max})$	$l = \lvert\max(p_{\min})$ $- \min(p_{\max})\rvert$	$\max(p_{\max})$	$\min(p_{\min})$	$w = \max(p_{\max})$ $- \min(p_{\min})$	l/w
x	5 : b	1 : a, c	4	6	0	6	2/3
y	4 : c	1 : a, b	3	5	0	5	3/5

$$(b, c): \quad 2/3 + 3/5 = 19/15$$
$$(a, c): \quad 0 + 3/5 = 9/15$$

この中で距離のもっとも大きい (b, c) をシードとする.

次エントリ選出では, エントリがランダムに選択される. ここでは, 特徴的ないくつかの場合を見てみる. $G_1^{(0)} = \{b\}$, $G_2^{(0)} = \{c\}$ とする.
(d → e → a の順で選出する場合)

$G_1^{(0)}$ と $G_2^{(0)}$ に d を加えたときの領域拡張は以下である.

$$ae(G_1^{(0)}, d) = 4 \times 4 - 1 = 15$$
$$ae(G_2^{(0)}, d) = 3 \times 2 - 1 = 5$$

これより, d は $G_2^{(0)}$ に加わり, $G_1^{(1)} = \{b\}$, $G_2^{(1)} = \{c, d\}$ となる.

次に, e について検査する.

$$ae(G_1^{(1)}, e) = 2 \times 3 - 1 = 5$$
$$ae(G_2^{(1)}, e) = 5 \times 3 - 6 = 9$$

これより, e は $G_1^{(1)}$ に加わり, $G_1^{(2)} = \{b, e\}$, $G_2^{(2)} = \{c, d\}$ となる.

最後は a である.

$$ae(G_1^{(2)}, a) = 6 \times 3 - 6 = 12$$
$$ae(G_2^{(2)}, a) = 3 \times 5 - 6 = 9$$

これより, a は $G_2^{(2)}$ に加わり, 最終的に, $G_1^{(3)} = \{b, e\}$, $G_2^{(3)} = \{a, c, d\}$ となる.
(d → a → e の順で選出する場合)

$G_1^{(0)}$ と $G_2^{(0)}$ に d を加えたときは上記と同じであり, d は $G_2^{(0)}$ に加わり, $G_1^{(1)} = \{b\}$, $G_2^{(1)} = \{c, d\}$ となる.

次に, a について検査する.

$$ae(G_1^{(1)}, a) = 6 \times 1 - 1 = 5$$
$$ae(G_2^{(1)}, a) = 3 \times 5 - 6 = 9$$

102   第 5 章　多次元データに対する索引構造

これより，a は $G_1^{(1)}$ に加わり，$G_1^{(2)} = \{a, b\}$，$G_2^{(2)} = \{c, d\}$ となる.
　最後は e である.

$$ae(G_1^{(2)}, e) = 6 \times 3 - 6 = 12$$
$$ae(G_2^{(2)}, e) = 5 \times 3 - 6 = 9$$

これより，e は $G_2^{(2)}$ に加わり，最終的に，$G_1^{(3)} = \{a, b\}$，$G_2^{(3)} = \{c, d, e\}$ となる.

（a → e → d の順で選出する場合）

　$G_1^{(0)}$ と $G_2^{(0)}$ に a を加えたときの領域拡張は以下である.

$$ae(G_1^{(0)}, a) = 6 \times 1 - 1 = 5$$
$$ae(G_2^{(0)}, a) = 5 \times 1 - 1 = 4$$

これより，a は $G_2^{(0)}$ に加わり，$G_1^{(1)} = \{b\}$，$G_2^{(1)} = \{a, c\}$ となる.
　次に，e について検査する.

$$ae(G_1^{(1)}, e) = 2 \times 3 - 1 = 5$$
$$ae(G_2^{(1)}, e) = 5 \times 5 - 5 = 20$$

これより，e は $G_1^{(1)}$ に加わり，$G_1^{(2)} = \{b, e\}$，$G_2^{(2)} = \{a, c\}$ となる.
　最後は d である.

$$ae(G_1^{(2)}, d) = 4 \times 4 - 6 = 10$$
$$ae(G_2^{(2)}, d) = 3 \times 5 - 5 = 10$$

したがって，d は $G_1^{(2)}$ に加えても $G_2^{(2)}$ に加えてもよい. d を $G_1^{(2)}$ に加えると，$G_1^{(3)} = \{b, e, d\}$，$G_2^{(3)} = \{a, c\}$ となり，d を $G_2^{(2)}$ に加えると，$G_1^{(3)} = \{b, e\}$，$G_2^{(3)} = \{a, c, d\}$ となる.
　以上の結果を図 5.14 に示す.

(5) 削除

　R 木からのエントリの削除手続きの概要を**アルゴリズム 5.6** に示す. まず，削除エントリが格納されている葉ノードを求める（**D1**）. これは，探索と同じアルゴリズムである. そして，削除エントリをその葉ノードから削除する（**D2**）. 次に，この削除をR 木の上方に伝播させる（手続き CondenseTree; **D3**）. 最後に，根ノードがエントリを一つしかもたなくなった場合は，そのノードを削除し，子ノードを新たな根ノードとする（**D4**）.

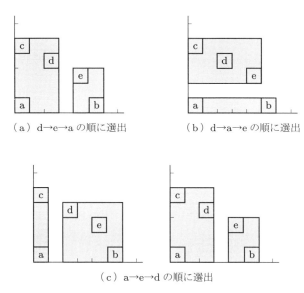

(a) d→e→a の順に選出
(b) d→a→e の順に選出
(c) a→e→d の順に選出

図 5.14 線形コスト法による分割結果

アルゴリズム 5.6 R木からのエントリの削除

```
Algorithm Delete
  Input:
    R: R木（の部分木）の根ノード，E: 削除エントリ
  Method:
    D1 //【削除エントリを含むノード（葉ノード）の探索】
       L = FindLeaf(R, E)
    D2 //【エントリを削除】
       LからEを削除する．
    D3 //【変更を上に波及させる】
       CondenseTree(L)
    D4 //【木を低くする】
       if(根ノードのエントリが一つになった) then
          根ノードの子ノードを新しい根ノードとする．
       endif
  End
```

手続き CondenseTree（アルゴリズム 5.7）では，エントリを削除した後に，ノードにいくつエントリが残っているかで処理が異なる．まず，ノードに m 個以上のエントリが残る場合は，そのノードは存続するが，エントリの削除で領域が小さくなっている場合がある．それに合わせて親ノードのエントリの領域を修正する．一方，ノードに残るエントリが m 個に満たなくなった場合は，そのノードの残りのエントリを別

途保存しておき，その親ノードのそのノードに対応するエントリを削除する．これを R 木の根ノードに至るまで続ける．その後，保存しておいたエントリを再挿入する．

アルゴリズム 5.7　削除の伝搬

```
Algorithm CondenseTree
  Input:
    L: 葉ノード
  Method:
    Q = {}
    N = L
    while(N != R木の根ノード)
      P = Nの親ノード
      E = P中のNに対応するエントリ
      if(Nのエントリ数 < m) then
        PからEを削除する.
        Q = Q ∪ {N}
      else
        E.Rectの修正
      endif
      N = P
    end
    Q中のノードに関係する葉ノードを再挿入する.
  End
```

　R 木では，B 木のようにほかのノードとの併合等は行わない．これは，再挿入により併合と同様の効果が得られるということと，挿入のアルゴリズムを使用するので併合等のアルゴリズムを別途実現する必要がなくなり，新規開発によるバグの混入もなくなってプログラムの生産性が向上するからである．

5.2.3　R* 木

　前項で述べたように，R 木は MBR の面積拡張が最小になるという戦略で木を構成している．したがって，MBR の面積がなるべく最小になるように木が構成される．しかし，R 木の検索性能は，MBR の面積のみではなく，MBR の重なり，MBR の方形性や格納効率に依存する．したがって，これらの要素を考慮すると，より検索性能のよい木構造になると考えられる．R* 木 [19]（R*-tree）は，これらの要素を考慮した木構造である．

　R* 木の構造は R 木と同じである．また，R* 木の検索と削除の手続きも R 木と同じである．異なるのは挿入の手続きであるが，これも概略はほぼ R 木と同じである．挿

入手続き Insert の概要を**アルゴリズム 5.8** に示す．エントリを挿入するノードを求め，そのノードに空きがあれば挿入する．そのノードが満杯であればオーバーフロー処理を行い，ノード分割が生じた場合は，木の上方にその結果を伝播させる．ノード分割が根ノードに達した場合は，新しい根ノードを作成し，木を成長させる．

アルゴリズム 5.8　R* 木への挿入

```
Algorithm Insert
Input:
  R: R*木（の部分木）の根ノード，E: 挿入エントリ
Method:
  I1  //【新エントリEを挿入するノードNの決定】
      N = ChooseSubtree(R, E)
  I2  //【Nへの新エントリEの挿入】
      if(Nに挿入の余地がある) then
        NにEを挿入する.
      else
        OverflowTreatment()を呼び出す.
      endif
  I3  //【ノード分割への対処】
      if(OverflowTreatment()が呼び出され，ノード分割が生じた) then
        OverflowTreatment()を上方に伝播する.
      endif
      if(ノード分割が根に達した) then
        新しい根ノードを作成し，分割でできた2ノードを新しい根ノードの
        子ノードとする.
      endif
  I4  //【挿入経路のMBRの情報が正しくなるように修正】
END
```

R 木との違いは，手続き ChooseSubtree と手続き OverflowTreatment である．

(1)　手続き ChooseSubtree

手続き ChooseSubtree は新エントリを挿入するノードを求めるのであるが，葉ノードを指すノードとその他のノードでエントリの選択基準を変えている．葉ノードを指すノードでは，新エントリ挿入によりオーバーラップの拡張が最小で済むエントリを選択する．それ以外のノードでは，新エントリの挿入により面積拡張が最小で済むエントリを選択する．この選択基準は，実験的に求めたものである．手続き ChooseSubtree の概要を**アルゴリズム 5.9** に示す．

106 第5章 多次元データに対する索引構造

アルゴリズム 5.9 エントリを挿入するノードの探索

```
Algorithm ChooseSubtree
Input:
  R: R*木（の部分木）の根ノード， E: 挿入エントリ
Method:
  CT1  //【初期設定】
       NをR*木の根ノードRとする．
  CT21 //【葉ノードに至るまで探索する】
       while(Nが葉ノードでない)
  CT22   //【葉ノードに対しては最小のオーバーラップ拡張のものを選出】
         if(Nの子ノードへのポインタが葉ノードを指している) then
             新エントリEを格納するのに最小のオーバーラップ拡張で済むエントリ
             を選ぶ．
             最小のオーバーラップ拡張が複数ある場合は，最小の面積拡張のもの
             を選ぶ．
  CT23   //【葉ノード以外に対しては最小の面積拡張のものを選出】
         else
             新エントリEを格納するのに最小の面積拡張で済むエントリを選ぶ．
             最小の面積拡張が複数ある場合は，最小の面積のものを選ぶ．
         endif
  Ct24   //【木の子ノードをたどる】
         Nを選択したエントリの指す子ノードとする．
       end
  CT3  //【結果の返却】
       Nを返却する（Nは葉ノード）．
END
```

(2) 手続き OverflowTreatment

　手続き OverflowTreatment（**アルゴリズム 5.10**）では，処理対象が根ノードでなく，かつ，あるエントリ挿入においてそのレベル（木の深さ）での最初の呼び出しの場合は，手続き ReInsert を呼び出し，そうでない場合は，手続き Split を呼び出す．

アルゴリズム 5.10 オーバーフローの扱い

```
Algorithm OverflowTreatment
  Input:
    level: ノードのレベル， N: 挿入対象ノード， Enew: 挿入するエントリ
  Method:
    if(level != 根ノードのレベル AND levelにおいて最初の呼び出し) then
      ReInsert(N, Enew)
    else
      Split(N, Enew)
```

5.2 大きさをもつデータに対する索引構造　*107*

```
        endif
    End
```

(3) 手続き ReInsert

手続き ReInsert（**アルゴリズム 5.11**）では，R 木の削除手続きと同様にしてエントリを再挿入する．まず，(1) $M+1$ 個のエントリに対して，$M+1$ 個のエントリをすべて含む MBR の中心と各エントリの MBR の中心との距離を求める．次に，(2) その距離が遠い順にエントリをソートする．そして，(3) 最初の p 個のエントリを削除し，処理対象のノードの MBR を修正する．実験によると，p は M の 30% がよい．最後に，(4) 削除対象の p 個のエントリのうち，距離の遠いものまたは近いものから再挿入を行う．距離の近いものから再挿入したほうが，距離の遠いものから再挿入するよりもよいという実験結果が得られている．

アルゴリズム 5.11　再挿入

```
Algorithm ReInsert
  Input:
    N: 挿入対象ノード,  Enew: 挿入するエントリ
  Method:
    C = N.Rectの中心
    N中のM個のエントリのRectの中心とCとの距離を求める.
    EnewのRectの中心とCとの距離を求める.
    M+1個の距離を降順でソートする.
    最初のp個のエントリをNから削除し, N.Rectを修正する.
    P個のエントリを最遠または最近のものから再挿入する.
  End
```

(4) 手続き Split

手続き Split（**アルゴリズム 5.12**）では，分割の基準となる軸を選択し，その軸上で $M+1$ 個のエントリを二つのグループに分けてノードを分割する．以下に詳細を説明する．

アルゴリズム 5.12　分割

```
Algorithm Split
  Input:
    N: 挿入対象ノード,  Enew: 挿入するエントリ
  Method:
    (ax, D) = ChooseSplitAxis({N.Ei}∪Enew)
    分配dstr = ChooseSplitIndex(ax, D)
```

108　第 5 章　多次元データに対する索引構造

　　　分配dstrに基づいてエントリをG1とG2に分割する.
　End

　最初に, 手続き **ChooseSplitAxis** (**アルゴリズム 5.13**) を呼び出して, 分割の基準となる軸の選択を行う. 軸を一つ選び, その軸においてエントリを MBR の最小値でソートし, さらに MBR の最大値でソートする. つまり, その軸上に射影した MBR の位置と大きさ順に, エントリを順序付ける. それをまず, m 個のエントリと $M+1-m$ 個のエントリの 2 グループに分け, 次の値を計算する.

　　　外周値 = 第 1 グループの MBR の外周と第 2 グループの MBR の外周の和

これを, m 個と $M+1-m$ 個に分ける組み合わせから始めて, $M+1-m$ 個と m 個に分ける組み合わせまで, 全部で $M-2m+2$ 回繰り返し, すべてのグループ分けの外周値の合計 S を求める. 以上をすべての軸に対して行い, 最小の S をもつ軸を分割の基準軸とする.

アルゴリズム 5.13　分割軸の決定

```
Algorithm ChooseSplitAxis
  Input:
    S: M+1個のエントリの集合
  Output:
    ax: 分割に使用する軸,  D: 分配の集合
  Method:
    foreach i軸
      S中のエントリを最小値, 最大値でソートする.
      すべての分配Diを求める.
      分配における外周値を合計する.
    end
    ax = 最小の外周値の合計をもつ軸i
    D = Di
    axとDを返却する.
  End
```

　次に, 手続き **ChooseSplitIndex** (**アルゴリズム 5.14**) を呼び出して, 選択された分割の基準軸上で上記と同様にソートとグループ分けを行い, 次の値を計算する.

　　オーバーラップ値 = 第 1 グループの MBR と第 2 グループの MBR の
　　　　　　　　　　　　　オーバーラップ部分の面積
　　面積値 = 第 1 グループの MBR の面積と第 2 グループの MBR の面積の和

これを，m 個と $M+1-m$ 個に分ける組み合わせから始めて，$M+1-m$ 個と m 個に分ける組み合わせまで繰り返し，すべてのグループ分けの中で最小のオーバーラップ値をもつ分割を選択する．オーバーラップ値が同じ場合は，最小の面積値をもつ分割を選択する．

アルゴリズム 5.14　分配の決定

```
Algorithm ChooseSplitIndex
  Input:
    ax: 分割に使用する軸，  D: 分配の集合
  Output:
    dstr: 最適な分配
  Method:
    R = axにおいて最小のオーバーラップ値をもつ分配
    if(Rの要素数 > 1) then
      r = 最小の面積値をもつ分配
    else
      r = Rの要素
    endif
    rを返却する．
End
```

5.2.4　R$^+$ 木

R$^+$ 木（R$^+$-tree）も，R 木のような構造をもつ多次元データに対するアクセス法である[20]．しかし，R$^+$ 木は，R 木とは異なり部分領域のオーバーラップを許さない．

R 木（図 5.10）ではオーバーラップしていた R_1 と R_2 を，R$^+$ 木ではオーバーラップさせない（**図 5.15**）．このため，葉ノードに物体データ（へのポインタ）が複数回出現することがあり得る．図の d がその例である．

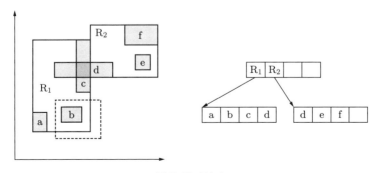

図 5.15　R$^+$ 木

110　第 5 章　多次元データに対する索引構造

R^+ 木の構造は R 木と同じである．また，R^+ 木の検索，挿入，削除の手続きも概略
は R 木と同じである．

ただし，検索では，R 木と同一の手続きでは，同一のオブジェクトが複数回返却さ
れてしまうので，いったん返却されたオブジェクトを記憶しておき，すでに返却済み
のオブジェクトは返却しないようにすることで，1 回のみ返却するようにする処理が
必要である．

また，挿入では，複数の葉ノードに新エントリを挿入することがある．これは R 木
との大きな違いである．挿入では，ノードに挿入の余裕がない場合，R 木と同様に手
続き SplitNode を呼び出す．手続き SplitNode（アルゴリズム 5.15）では，まず，
手続き Partition を呼び出して $M + 1$ 個のエントリをどのように二つのノードに分
配するかを求めて，ノードを分割する．手続き Partition をアルゴリズム 5.16 に示
す．手続き Partition では，手続き Sweep で計算されるコストに基づいてよい分割
が行える軸を決定し，その軸をもとにエントリの分配を決める．

アルゴリズム 5.15　R^+ 木の SplitNode

```
Algorithm SplitNode(R)
  Input:
    R: R+木（の部分木）の根ノード
  Method:
    SN1  //【分割を求める】
        Rect = Rに対応するMBR
        (R', S2) = Partition(Rect, ff)
        S1 = R'の領域
        Rect1 = Rect ∩ S1
        Rect2 = Rect ∩ S2
        (Rect1, p1)なるノードn1と(Rect2, p2)なるノードn2を作成する.
    SN2  //【ノードにエントリを挿入する】
        foreach　エントリEi in R
          if(Ei.Rect ⊆ Rect1) then
            Eiをn1に移動する.
          else if(Ei.Rect ⊆ Rect2) then
            Eiをn2に移動する.
          endif
        end
        foreach エントリEj in R　//【n1やn2に完全に包含されていないエントリ】
          if(Rは葉ノード) then
            Ejをn1に挿入（コピー）し, n2に移動する.
          else
            分割軸に沿ってSplit(Ej)とし, ノードcn1とcn2を作成する.
            n1に完全に包含されるcniをn1に挿入する.
```

5.2 大きさをもつデータに対する索引構造　*111*

```
                n2に完全に包含されるcniをn2に挿入する.
              endif
           end
   SN3   //【ノード分割を上方に伝播する】
         if(Rは根ノード) then
            n1とn2を子ノードとする新しい根ノードを作成する.
         else
            PR = Rの親ノード
            PRのRをn1とn2に置き換える.
            if(PRがM個以上のエントリをもつ) then
               Split(PR)とし, PRを分割する.
            endif
         endif
END
```

アルゴリズム 5.16　R^+ 木のエントリの分配

```
Algorithm Partition(S,ff)
  Input:
    S: MBRの集合, ff: 第1部分領域のMBR数
  Output:
    R: 第1部分領域のMBRを含んだノード, S': 残りのMBRの集合
  Method:
  PA1   //【分割なし】
        if(分割する領域がff個以下) then
           エントリを格納するノードRを作成し, (R, {})を返却する.
        endif
        foreach i軸 in 全次元
  PA2     //【Oiを与えられたMBRのi軸の最小値とする】
          Oi = min(i_axis(S))
  PA3     //【手続きSweepを呼び出して,
          // i軸で分割するコストCiと座標i_cutを求める】
          (Ci, i_cut) = Sweep("i", Oi, ff)
        end
  PA4   //【分割点を決定する】
        領域分割の軸を最小のCiをもつ軸iに決定する.
        軸iでエントリを分割する.
        第1部分領域の全エントリを含むノードRを作成する.
        第2部分領域中のMBR集合をS'とする.
        (R, S')を返却する.
END
```

　手続き Sweep は，指定された軸（i 軸）について，指定された座標（Oi）から，ff 個

のMBRを求め，求めたMBR集合のコストを計算する．コストは，近接度やカバー度（面積）等で求める．そして，求めたコストと，ff個のMBRのi軸での最大座標値を返却する．

手続きPartitionでは，座標として各軸の最小値を指定して手続きSweepを呼び出しているので，各軸において，最小のものからff個のMBRのコストと，分割点候補となる座標を求めていることになる．そして，このコストが最小となる軸で分割を行うことになる．

ただし，最適な分割が求められない場合がある．たとえば，図5.16に示すように，R_1〜R_4があるところにR_{new}を挿入し二つの領域に分割する状況では，ほかとのオーバーラップなしにR_{new}を挿入するようにはできない．たとえば，R_1とR_{new}を一つの領域Aとすると，R_2, R_3とR_4の残りを囲む領域Bは領域Aとオーバーラップしてしまう．R_1のかわりにR_2, R_3, R_4を用いても同じである．このような場合は，再挿入を行う必要が出てくる．

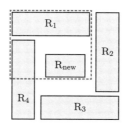

図5.16　R$^+$木でうまく分割できない例

5.2.5　空間充填曲線利用法

空間充填曲線利用法は，空間を埋める曲線（**空間充填曲線**；space filling curve）を用いてk次元空間を1次元に変換する方法である．空間充填曲線には，ルベーグ曲線，ヒルベルト曲線やペアノ曲線がある．空間充填曲線により変換された値は1次元のデータであるので，B木といった従来の索引構造がそのまま使用できる．

空間充填曲線利用法の例に**Z順序化**（Z ordering）がある[21]．Z順序化では空間充填曲線にルベーグ曲線（Z順序曲線）を使用する．Z順序化では，あらかじめ空間を決定し，各次元を区間に区切り，値を割り当てておく．そして，MBRを挿入する際に，そのMBRと交わる区間をもとに値を求め，MBRとともに格納しておき検索に役立てる．

Z順序化の例を図5.17に示す．ここでは，Z値を，（xの上位ビット）（yの上位ビット）（xの下位ビット）（yの下位ビット）で求めることにする．オブジェクトBは，x軸上で，上位ビットが0，下位ビットが0であり，y軸上で，上位ビットが1，下位ビッ

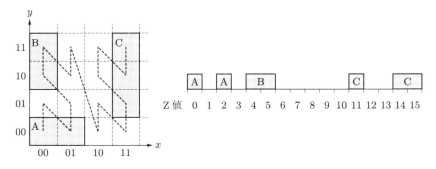

図 5.17 Z 順序化の例

トは不問である．したがって，Z 値は 010X（X は不問）となり，4 と 5 となる．これが，オブジェクト B の Z 値である．同様に，オブジェクト C の Z 値は，11，14，15 である．検索の際は，同様に Z 値を計算し，Z 値をもつオブジェクトを求めればよい．

まず，あらかじめ各次元を区間に区切り，各区間に値を割り当てておく．指定領域 R 内のオブジェクトの検索は，指定領域 R に対する Z 値を計算し，それに含まれる Z 値をもつ矩形を候補とする．ただし，同一矩形が複数回現れることを考慮する必要がある．

挿入は，矩形に対する Z 値を計算し付加すればよい．

削除も同様で，削除対象の矩形に対する Z 値を計算し，削除すればよい．

5.3 高度な索引構造

5.3.1 X 木

X 木（X-tree）は，分割時に MBR のオーバーラップが避けられないときは分割せずにおいておくという方針を採用した索引構造である[22]．このために，スーパーノードとよぶ構造を導入しており，この結果，非均質的な構造をもつ．

図 5.18 に X 木の概念図を示す．図で示した X 木には二つのスーパーノードがある．

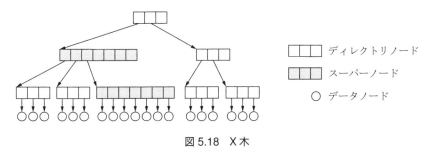

図 5.18 X 木

114　第5章　多次元データに対する索引構造

これは MBR のオーバーラップが避けられないためである．木は平衡木となる．

(1) 構造

データノード（葉），ディレクトリノード，スーパーノードという3種類のノードをもつ．データノードは組 $(p, Rect)$ である．ここで，p はデータベース中のオブジェクトへのポインタ，$Rect$ はその空間オブジェクトを包含する最小矩形である．

スーパーノードは可変サイズ（ブロックサイズの倍数）の大ディレクトリノードである．性能劣化となるディレクトリ分割を避けるために導入する．オーバーラップを避ける方法がないとき生成する．

ディレクトリノードは R 木の中間ノードと同じである．ただし，オーバーラップ最小化分割のための情報（分割履歴）を格納する．

(2) 操作概要

検索，削除，変更は R^* 木と同様である．違いは，挿入時のスーパーノードの扱いである．新エントリの挿入ノードを決定し，挿入するまでは R 木と同じである．その結果，分割が発生した場合，分割を試み，分割可能であれば分割を行うが，分割できない場合は分割をあきらめスーパーノードを作成する．ただし，スーパーノードが2ブロックから構成されるときは通常のディレクトリノードに変換する．

5.3.2　一般化探索木（GiST）

一般化探索木（Generalized Search Tree; GiST）は，問い合わせとデータ型が拡張可能な汎用的な索引構造である[23]．GiST を用いると，様々な探索木を容易に実現することができる．これは，本章でも見てきたように，探索木の検索，挿入，削除という操作の概要はどの手法もほぼ同じであることによるものである．逆にいうと，GiST は各種の探索木の操作の基本を提供し，各種の探索木の特徴的な操作を，GiST を拡張することで実現しているともいえる．

(1) 構造

葉以外のノードの要素は組 $(pred, ptr)$ で表される．ここで，$pred$ は検索キーとして使用する述語，ptr は子ノードへのポインタである．述語は，任意個の自由変数をもつことができる．ただし，木の葉ノードによって参照されるレコード（オブジェクト）が全変数を実体化できなければならない．葉ノードの要素は組 $(pred, ptr)$ で表される．ここで，$pred$ は検索キーとして使用する述語，ptr はデータベース中のオブジェクトへのポインタである．

GiST は平衡木である．すなわち，すべての葉ノードが同一レベルに出現する．ま

た，B木ファミリーやR木ファミリーの木構造と同様に，1ノード中に含まれ得る最大エントリ数 M が事前に決められており，根は葉でなければ2以上 M 以下の子をもつ．根以外のノードは kM 以上 M 以下の子をもつ．ただし，$2/M \leq k \leq 1/2$ である．k を木の最小充填率（minimum fill factor）とよぶ．

葉ノードの要素 $(pred, ptr)$ において，$pred$ は，タプルからの値によって実体化できれば真である．葉ノード以外の要素 $(pred, ptr)$ において，$pred$ は ptr から到達可能なレコードからの値によって実体化できれば真である．

また，以下に示す**キーメソッド**が木構造の設計者によって提供されなければならない．

- $Consistent(E, q)$:

  エントリ $E = (pred, ptr)$ と問い合わせ述語 q が与えられたとき，$pred$ かつ q が満足されないことが保証され得るとき偽，それ以外は真を返却する．

- $Union(P)$:

  エントリ $(pred_1, ptr_1), \cdots, (pred_n, ptr_n)$ の集合 P が与えられたとき，ptr_1 から ptr_n で格納されているレコードすべてを満足する述語 r を返却する．これは，たとえば，具体的には，各 $pred_k$ がMBRを表している場合，ptr_1 から ptr_n のMBRを返却するようなメソッドである．

- $Compress(E)$:

  エントリ $E = (pred, ptr)$ が与えられたとき，エントリ (pai, ptr) を返却する．ここで，pai は $pred$ の圧縮した表現である．

- $Decompress(E)$:

  圧縮表現 $E = (pai, ptr)$（ただし，$pai = Compress(pred)$）が与えられたとき，$pred \to r$ なるエントリ (r, ptr) として復元し，返却する．$pred \leftrightarrow r$ を要求していないので，復元時に情報が失われる可能性がある．

- $Penalty(E_1, E_2)$:

  エントリ $E_1 = (pred_1, ptr_1)$ と $E_2 = (pred_2, ptr_2)$ が与えられたとき，E_1 を根とする部分木に E_2 を挿入する際のペナルティーを返却する．

- $PickSplit(P)$:

  $M+1$ 個のエントリ $(pred, ptr)$ の集合 P が与えられたとき，P を，おのおののサイズが少なくとも kM の二つの集合 P_1，P_2 に分割する．

(2) 操作概要

操作の概要を以下に示す．

- 検索（**アルゴリズム 5.17**）:

  根ノードRが葉ノードでなければ，検索述語 q に対して $Consistent(E, q) = $ 真となるエントリ E を求め，おのおのについて，それを根ノードとして再帰的に検

116　第5章　多次元データに対する索引構造

索する.

　根ノードRが葉ノードならば，検索述語 q に対して $Consistent(E, q) =$ 真となるエントリ E を求め，求めるオブジェクトか検査する.

● 挿入（アルゴリズム 5.18〜5.21）：

　まず，エントリ E を挿入する葉ノード L を求める.　そして，L に空きがあれば E を挿入し，L に空きがなければ，ノードを分割する.　最後に，分割を上に波及させる.

● 削除：

　木の平衡を保つように削除を行う.

アルゴリズム 5.17　GiST の検索

```
Algorithm Search(R, q)
  Input:
    R: GiST (の部分木) の根ノード,  q: 検索述語
  Output:
    qを満足する全タプル
  Method:
    S1  //【部分木の探索】
        if(Rは葉ノードでない) then
          foreach E=(pred, ptr) in R
            if(Consistent(E, q)) then
              Search(E.ptr, q)
            endif
          end
    S2  //【葉の探索】
        else  //【Rは葉ノード】
          foreach E=(pred, ptr) in R
            if(Consistent(E, q)) then
              E.ptrを取り出してqを満足するか検査する.
            endif
          end
        endif
    END
```

※エントリの順序付けがなされている場合については文献 [23] を参照のこと.

アルゴリズム 5.18　GiST の挿入の主処理

```
Algorithm Insert(R, E, l)
  Input:
    R: GiST (の部分木) の根ノード,  E: 挿入エントリ,  l: 挿入するレベル
  Method:
```

```
    I1  //【新エントリの挿入位置の決定】
        L = ChooseSubtree(R, E, l)
    I2  //【葉ノードに新エントリを追加】
        if(Lに挿入余地がある) then
          LにEを挿入する.
        else
          SplitNode(R, N, E)
        endif
    I3  //【変更を上に波及させる】
        AdjustKeys(R, N)
    END
```

アルゴリズム 5.19　挿入する葉ノードの探索

```
Algorithm ChooseSubtree(R, E, l)
  Input:
    R: GiST（の部分木）の根ノード, E: 挿入エントリ, l: 挿入するレベル
  Method:
    CS1  //【葉ノードの検査】
        if(Rがレベルl)
          return R
    CL2  //【部分木の選択】
        else  //【Nは葉ノードでない】
          R中の全エントリからPenality(F, E)が最小のエントリF=(p, ptr')を求める.
          return ChooseSubtree(F.ptr', E, l)
        endif
    END
```

アルゴリズム 5.20　ノード分割

```
Algorithm SplitNode(R, N, E)
  Input:
    R: GiST（の部分木）の根ノード, N: ノード, E: 挿入エントリ
  Output:
    Eが挿入され二つに分割されたノードNをもつGiST
  Method:
    SP1  //【分割を決定】
        PickSplit(N ∪ {E})
        一方をN, 他方をN'とする.
    SP2  //【新ノードに対するエントリを作成し親ノードに挿入】
        q   = Union(N'上の全エントリ)
        ptr'= N'へのポインタ
        EN' = (q, ptr')
        par = Nの親ノード
```

118 第5章 多次元データに対する索引構造

```
        if(parにN'の挿入余地がある)
          parにN'を挿入する.
        else
          Split(R, par, EN')
        endif
  SP3  //【旧ノードを指すエントリの領域の修正】
        F = Nを指すエントリ
        F.pred = Union(N上の全エントリ)
  END
```

アルゴリズム 5.21　キー値の修正

```
Algorithm AdjustKeys(R, N)
  Input:
    R: GiST (の部分木) の根ノード, N: ノード
  Output:
    正しいキー値をもつノードNの親ノードをもつGiST
  Method:
  PR1  //【根ノードまたはすでに正しいときは処理不要】
        if(N == R OR
            Nを指すエントリがUnion(Nの全エントリ)という正しい表現をすでにもつ)
          return
  PR2  //【下方から上方に修正していく】
        else
          E = Nを指すエントリ
          E.pred = Union(Nの全エントリ)
          AdjustKeys(R, Nの親ノード)
        endif
    END
```

(3) 適用例

- B^+ 木：

　キー値 (a, b)：述語 $Contains([a, b), v)$ を表現していると考える．ここで，v は変数，$Contains$ は v が $[a, b)$ に含まれるか否かを返却する述語である．

- R 木：

　キー値 (xul, yul, xlr, ylr)：述語 $Contains((xul, yul, xlr, ylr), v)$ を表現していると考える．ここで，v は変数，$Contains$ は v が矩形 (xul, yul, xlr, ylr) に含まれるか否かを返却する述語である．問い合わせ述語は，$Contains(box, v)$，$Overlap(box, v)$，$Equal(box, v)$ である．

- RD木：

    これまでの探索木では，キー値は単一であった．これに対し，$\{100, 110, 200\}$といった複数のキー値を許す探索木がRD木である．

    キー値S：述語$Contains(S, v)$を表現していると考える．ここで，vは集合値変数，$Contains$は集合vが集合Sに含まれるか否かを返却する述語である．問い合わせ述語は，$Contains(set, v)$，$Overlap(set, v)$，$Equal(set, v)$である．

5.4 多次元索引構造の利用例

5.4.1 画像・動画の類似検索

　画像や動画に対する類似検索を行う場合，5.1節でも述べたが，画像や動画から特徴量を抽出して使用する．この場合，非常に多数の特徴量を抽出するのが普通である．しかし，データが高次元になると，4.1.2項で述べたように次元の呪いが発生するので，次元削減を行う必要がある．このようにして選出された，重要度の高い特徴量，もしくは，いくつかの特徴量を重み付けして組み合わせたいくつかの変量と，画像や動画に対する識別子や画像や動画ファイルへのパス等を多次元索引木に登録する．

　検索キーとなる画像や動画が与えられると，まず，上記と同様にして，索引付けに使用したn個の変量に対するn個の値が求められる．これらのn個の値を使用して，構築された多次元索引を用いて検索が行われる．検索キーとなるn個の値に対して非類似度（距離）が小さいものが得られる．つまり，類似したものが得られる．類似したものの識別子やファイルへのパス等が得られるので，それをもとに利用者に検索候補の画像や動画を返却することになる．

5.4.2 印象に基づく異種メディアデータ検索

　画像・音・音楽・動画の主要な印象が4〜5個の共通した因子によって表現できることがわかってきている[8]．したがって，この4〜5個の因子の値を使用することで異種メディアデータの検索を行うことができる．たとえば，ある画像Pの印象を表す五つの因子の値が与えられたときに，それらの値をもとにして，音の印象を表す因子との距離を求め，距離の小さいものから提示することで画像Pに印象の類似した音を求めることができる．

　ここで，画像の印象を表す五つの因子の値を多次元索引構造を用いて管理しておくと，高速に検索を行うことが可能である．同様に，音，音楽，動画に対しても同様の索引を作成しておく．以上により，あるメディアデータに印象が類似した多種のメディアデータを高速に検索できる．

120 第 5 章 多次元データに対する索引構造

■■■■■■■■■■■■■■■■■■■■■■■■ 演習問題 **■■■■■■■■■■**

5.1 以下に示す 3 次元空間中の 15 個の点を格納する k-d 木を図示せよ.

$$a(1,9,3), \quad b(2,3,13), \quad c(3,7,10)$$
$$d(4,15,2), \quad e(5,2,12), \quad f(6,10,7)$$
$$g(7,13,14), \quad h(8,4,1), \quad i(9,14,8)$$
$$j(10,6,11), \quad k(11,11,5), \quad l(12,1,9)$$
$$m(13,8,4), \quad n(14,12,15), \quad o(15,5,6)$$

5.2 問題 5.1 において,各点が第 1 次元の値と第 2 次元の値のみをもつ 2 次元平面中の点であるとしよう.たとえば,点 a は $(1,9)$ である.この場合に,これらの 15 個の点を格納する k-d 木を図示せよ.

5.3 空の R 木に対して,以下に示す矩形を a から e の順で挿入したときにできる R 木を,点の挿入ごとに図示せよ.ただし,R 木の最大エントリ数 $M=4$,最小エントリ数 $m=2$ とし,各矩形の領域は,点(左下 x 座標,左下 y 座標)と点(右上 x 座標,右上 y 座標)の組で表している.ノード分割には,2 乗コスト法を用いるものとする.

$$a((0,9), \ (1,10))$$
$$b((8,9), \ (9,10))$$
$$c((2,7), \ (3,8))$$
$$d((6,7), \ (7,8))$$
$$e((3,0), \ (4,1))$$

5.4 問題 5.3 の矩形 a〜e を,変換法を使用して k-d 木に格納したときの k-d 木を図示せよ.

5.5 問題 5.2 の点 a〜e を,大きさのない矩形として捉えて R 木で管理することを考える.つまり,矩形を表す対角の 2 点が同じものとして表現する.a から e の順で挿入した場合の R 木を図示せよ.ただし,R 木の最大エントリ数 $M=4$,最小エントリ数 $m=2$ とせよ.

5.6 問題 5.2 の点 a〜h を Z 順序化で管理することを考える.各点の Z 値を求めよ.また,これらの点を格納した 2 次の B 木を図示せよ.

第6章 時系列データに対する索引構造

　空間データに対しては，前章の多次元索引構造がそのまま利用できる．しかし，時系列データや時空間データのように時間が関係すると，多次元索引構造をそのまま利用するのが困難なことが多い．そこで，本章および次章では，時系列データや時空間データに対する索引構造について述べる．

　まず，時系列データであるが，時系列データに対して類似検索を行おうとすると，データが膨大であるため検索に対し大きなコストがかかることが問題となる．その解決手段として，前章までで述べてきた多次元索引構造の利用がある．時系列データを構成する各時刻のデータを，それぞれ一つの次元としてベクトル空間表現し，多次元索引構造を利用する．ただし，時系列データは大量の時刻データからなるので，この方法だときわめて多次元のデータとなってしまい，次元の呪いが問題になる．そのため，時系列データの特徴をうまく残しつつ，データ量を削減して次元を減らす必要がある．本章では，時間軸上で時系列データに対する索引付けを行う方法と，周波数に変換して索引付けを行う方法について述べる．

6.1 時間領域での索引付け

6.1.1 PAA法

　PAA（Piecewise Aggregate Approximation）法は，時間軸上で時系列データを検索する手法の一つである[24]．PAA法では，時系列データを固定幅の区間に分割し，区間内のデータの平均値でその区間を表現する．PAA法を適用した例を図6.1に示す．n個の点からなる時系列データを区間内の点の数m個ずつに分割するので，区間数$N = n/m$個の点で時系列データを表現することができる．これにより次元削減を行っている．

　そして，このようにして求めたN個の点をもとに，多次元索引構造を構築し，これを用いて検索を行う．

6.1.2 APCA法

　APCA（Adaptive Piecewise Constant Approximation）法は，PAA法と同様に，

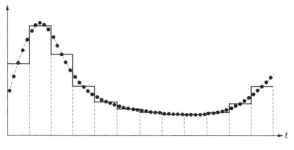

図 6.1　PAA 法での表現例

時間軸上で時系列データを検索する手法の一つである．多次元索引構造を使用するために，APCA 表現とよばれる時系列データの次元数を減らす手法を採用しており，とくにパルス状の時系列データに有用である[25]．

APCA 表現とは，パルス状の時系列データを，近似により図 6.2 の実線のような階段状のデータにしたものである．

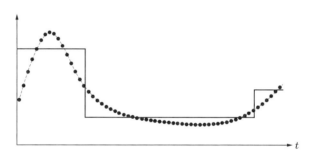

図 6.2　APCA 表現の例

(1)　索引構造の構築

まず，時系列データの変化の大きな点を境に，その間を平均して APCA 表現にする．この際に，山（上に凸な部分）と山の間隔が狭く，高さも近い場合は，一つの山にまとめる．次に，時系列データを固定長の区間で区切り，区間内の山の個数と山の面積を計算する．そして，区間ごとに得られる二つのパラメータ（山の個数，山の面積）を用いて，索引構造を構築する．

(2)　検索

まず，検索キーの波形を APCA 表現にする．この際に，索引構造の構築時と同様に，山と山の間隔が狭く高さも近い場所は一つの山にまとめる．そして，検索キー波形の山の個数と山の面積を計算する．その二つのパラメータ（山の個数，山の面積）を検索キーとして近傍探索を行う．

6.1.3 Skyline インデックス

Skyline インデックス（Skyline index）では，**Skyline 外接領域**（Skyline Bounding Region; SBR）を導入している[26]．n 個の時系列データに対する SBR は，時刻と値の 2 次元空間において，時系列データの最大値で構成される**上稜線**（top skyline），最小値で構成される**下稜線**（bottom skyline），開始時刻を表す垂線と終了時刻を表す垂線で表される領域である．

図 6.3 (a) の四つの時系列データに対する SBR は，図 (b) のようになる．このように，図 (a) の最上の線と最下の線で SBR は構成されている．しかし，SBR そのままではデータの点数が非常に多いので，SBR を近似する．APCA 法で近似するのが一つの方法である．図 (c) に，図 (b) を APCA 表現した例を示す．

Skyline インデックスでは，R 木と同様に索引構造を構成するが，木の中間ノードの MBR の代わりに SBR を用いる．葉ノードの各エントリは一つの時系列データを管理するが，ここは，近似表現と実際の時系列データへのポインタの組で表現される．

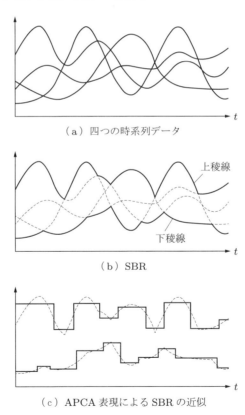

(a) 四つの時系列データ

(b) SBR

(c) APCA 表現による SBR の近似

図 6.3 Skyline インデックス

この近似表現は何でもよいとされているが，APCA表現が用いられることが多い．葉ノード中のエントリで管理される時系列データをもとにSBRが生成され，直上の中間ノード中のエントリで管理される．ここで，二つの稜線の併合では，併合によって管理する区間数が増加しないように再近似を行う．たとえば，図6.4(a)に示した二つの上稜線を併合する場合，直接的には図(b)に示すような上稜線となるが，区間数が4から6に増加してしまうので，4区間で表現できるよう図(c)のように近似を行って上稜線を修正する．

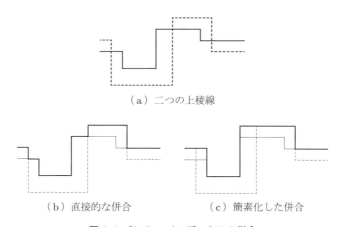

図 6.4　Skyline インデックスの併合

6.2 周波数領域での索引付け

6.2.1 離散フーリエ変換を用いる方法

時系列データをフーリエ変換すると，多くの場合，低周波成分が大きい．つまり，低周波成分に時系列データの特徴が多く現れているということである．この性質を，周波数領域での索引付けの基本的方法として利用する．すなわち，**離散フーリエ変換**（Discrete Fourier Transform; **DFT**）により得られた周波数成分の最初の（周波数の低い方から）いくつかだけを多次元索引構造に用いる[27]．これにより，多次元索引の次元を減少させる．

(1) 索引構造の構築

図6.5のように，時系列データをDFTにより周波数領域に変換する．変換後の周波数成分（複素数）のうち，周波数の低いものからk個取り出す．取り出した成分をk次元空間上の点として，多次元索引構造を構築する．

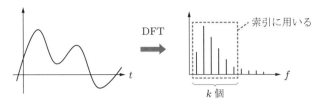

図 6.5　索引構造の構築

(2) 検索

検索キーの時系列データを DFT で周波数領域に変換する．周波数の低いものから k 個の要素を取り出す．取り出した成分を k 次元空間上の点として，索引を用いてその点から距離 ϵ 以内にある点を検索解候補として取り出す．取り出したすべての解候補に対して，検索キーの時系列データを用いて実際に非類似度を計算する．

6.2.2 変換の考慮

時系列にある種の変換を施した結果と類似したものを求めたい場合がある．たとえば，変動を平滑化するために株価の 10 日間の移動平均をとったものと類似しているものを求める，といった問い合わせである．Rafiei らはこのような問い合わせを効率的に処理する手法を提案している [28]．時系列データを多次元空間中の 1 点で管理する多次元索引構造において，その管理単位である最小外接矩形（MBR）に変換を施すことで上記の問い合わせを処理するという方法である．

ここではスケーリングとトランスレーションという二つの変換を用いる．具体的には，長さ n の時系列データを表す n 次元空間での変換 t を，スケーリングを表す $\boldsymbol{a}$ とトランスレーションを表す $\boldsymbol{b}$ によるベクトル組 $(\boldsymbol{a}, \boldsymbol{b})$ によって表されるものと定義する．系列 $\boldsymbol{x}$ に変換 $t = (\boldsymbol{a}, \boldsymbol{b})$ を適用することを $t(\boldsymbol{x})$ と表し，次式により変換する．

$$t(\boldsymbol{x}) = Conv(\boldsymbol{a}, \boldsymbol{x}) + \boldsymbol{b} \tag{6.1}$$

ここで，$Conv(\boldsymbol{x}, \boldsymbol{y})$ は $\boldsymbol{x}$ と $\boldsymbol{y}$ の畳み込み積を表し，長さ n の系列に対し，要素 j について次式により計算される．

$$Conv(\boldsymbol{x}, \boldsymbol{y})_j = \sum_{k=0}^{n-1} x_k y_{j-k} \quad (j = 0, 1, \cdots, n-1) \tag{6.2}$$

式 (6.1) は時間領域での変換であるが，周波数領域での変換は次のように考える．$\boldsymbol{A}$, $\boldsymbol{B}$, $\boldsymbol{X}$ をそれぞれ $\boldsymbol{a}$, $\boldsymbol{b}$, $\boldsymbol{x}$ の DFT 後の周波数表現であるとすると，$t(\boldsymbol{X})$ は周波数領域で次のように計算される．

$$t(\boldsymbol{X}) = \boldsymbol{A} * \boldsymbol{X} + \boldsymbol{B} \tag{6.3}$$

ここで，演算記号「$*$」はベクトルの要素どうしの乗算を意味する．式 (6.3) は式 (6.1) に比べて計算コストが低くなっている．

　一般に，長さ n の系列の m 日間の移動平均 $t_{m\,\mathrm{avg}} = (\boldsymbol{a}, \boldsymbol{b})$ の $\boldsymbol{a}$, $\boldsymbol{b}$ は，それぞれ次式によって表される．

$$\boldsymbol{a} = (\underbrace{\underbrace{1/m, \cdots, 1/m}_{m}, 0, 0, \cdots, 0)}_{n}, \quad \boldsymbol{b} = \boldsymbol{0} \tag{6.4}$$

ここで，$\boldsymbol{0}$ は n 次元のゼロベクトルである．

　検索では，まず，変換 t と問い合わせ系列 $\boldsymbol{q}$ を DFT により時間領域から周波数領域へ変換する．t, $\boldsymbol{q}$ の最初の k 個の DFT 係数をそれぞれ t_k, $\boldsymbol{q}_k$ として，$\boldsymbol{q}_k$ に対する検索矩形 q_{rect} を生成する．そして，次のように実際の検索処理を行う．ノード N が葉ノードでない場合，N のすべての矩形エントリに変換 t を適用し，適用後の図形が q_{rect} にオーバーラップするかをチェックする．そして，すべてのオーバーラップするエントリに対して再帰的に検索を行う．ノード N が葉ノードである場合は，N のすべての点エントリに変換 t を適用し，適用後の図形が q_{rect} にオーバーラップするならば，そのエントリを解候補に加える．このような単一の変換のための索引を**単一変換**（single transformation）**インデックス**とよんでいる．

　Rafiei らは，単一の変換に加えて，複数の変換を考慮する問い合わせについても検討しており，複数の変換をいくつかのクラスタに分けることで効率よく処理する**複数変換**（multiple transformation）**インデックス**を提案している．

6.2.3　ST インデックスとプレフィックスサーチ

　Faloutsos らは，時系列データの部分検索法として，**ST**（Sub-Trail）**インデックス**とプレフィックスサーチ（Prefix-Search）を提案している [29]．

(1)　ST インデックス

　最小の検索キー波形の長さ（大きさ）を l とする．時系列データ上を一定の長さずつ（たとえば 1 点ずつ）ずらしながら長さ l の部分波形を取り出す．この部分波形から特徴量を抽出し，特徴空間に点としてマッピングしていく．点によってできた軌跡を分割し，各部分を MBR で表現して，この MBR を索引構造に格納する．このとき，軌跡をどのように分割するかは，コスト関数 DA とマージナルコスト mc の値に基づいて決定する．各次元における大きさが $L_1, L_2, \cdots, L_d$ の MBR において，包含する

部分波形の点が k 個のとき，この MBR のコスト関数と各点のマージナルコストは以下で与えられる．

$$DA(\boldsymbol{L}) = \prod_{i=1}^{d} (L_i + 0.5) \tag{6.5}$$

$$mc = \frac{DA(\boldsymbol{L})}{k} \tag{6.6}$$

新たな部分波形を表す点を既存の MBR に追加したとき，マージナルコストが増加したら，その点のみからなる新たな MBR を作成し，索引に格納する．

MBR に必要な要素は以下の三つである．

- $t_{\mathrm{start}}, t_{\mathrm{end}}$：始まりと終わりの位置
- 時系列データを一意に識別する識別子
- 各次元における MBR の範囲 $(F_{1_{\mathrm{low}}}, F_{1_{\mathrm{high}}}, F_{2_{\mathrm{low}}}, F_{2_{\mathrm{high}}}, \cdots)$

(2) プレフィックスサーチ

検索キー波形 Q の長さ（大きさ）$Len(Q)$ は，$Len(Q) \geq l$ とする．検索キー波形 Q の先頭から長さ l の部分波形に合う解候補を検索する．後処理として解候補と検索キー系列を評価し，順位付けする．

ST インデックスとプレフィックスサーチは，検索キー波形のうち，先頭から一定の長さの部分波形のみで索引を範囲検索しているため，検索キーの部分波形から漏れた部分がもっている情報を活用できないという問題がある．検索漏れを少なくするためには，検索の範囲をある程度大きくとる必要がある．

6.2.4 MR インデックス

可変長の検索キー波形における ST インデックスとプレフィックスサーチのおもな問題点は，検索キー波形の長さを予測できないために，検索キー波形のすべての情報を使用していないということである．**MR**（Multi-Resolution）**インデックス**は，データベースに異なる解像度の情報を格納することで，この問題を軽減している[30]．

(1) MR インデックス

n 個の時系列データの集合を $S = \{s_1, s_2, \cdots, s_n\}$ とし，時系列データの長さ（大きさ）$|s_i|$ は整数 b に対して，$2^b \leq |s_i| \leq 2^{b+1}$ であるとする．同様に，検索キー波形 Q の長さは可能な最小の長さであり，2^a とする．整数 a は，$a \leq b$ である．

MR インデックスは，木 $T_{i,j}$ のグリッドを格納している（**図 6.6**）．ここで，$a \leq i \leq b$ であり，$1 \leq j \leq n$ である．

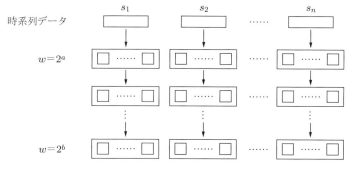

図 6.6 MR インデックス

木 $T_{i,j}$ は,ウィンドウのサイズが 2^i と合致する j 番目の時系列データに対する MBR の集合である.$T_{i,j}$ を得るために,DFT またはウェーブレット変換を用いて,時系列データ s_j における長さ 2^i の各系列に変換し,変換したものから係数(特徴量)をいくつか選ぶ.変換された時系列データは,ST インデックスの構造と似た MBR に格納される.MBR のマージナルコストが増加するまで,長さ $w = 2^i$ の次の部分波形を追加して MBR を拡張させる.MBR のマージナルコストが増加したとき,新たな MBR を作成し,その後の部分波形から使用する.

索引構造の i 番目の行は R_i と表され,解像度 2^i のすべての木 $T_{i,j}$ の集合 $R_i = \{T_{i,1}, \cdots, T_{i,n}\}$ である.同様に,j 番目の列は C_j と表され,データベースにある時系列データの j 番目のすべての木 $T_{i,j}$ の集合 $C_j = \{T_{a,j}, \cdots, T_{b,j}\}$ である.

(2) 部分範囲問い合わせ

検索キー波形を MR インデックスに格納されている波形長をもつ部分波形の列に分割し,部分波形をすべて使用することで検索を効率化する.

長さが $k \cdot 2^a$(k: 自然数)の検索キー波形 q を半径 ϵ で範囲検索するものとする.検索キー波形 q に対しては,$q = q_1 q_2 \cdots q_t$ のような分割が,$|q_i| = 2^{c_i}$ で唯一存在する.ここで,$a \leq c_1 < \cdots < c_i \leq c_{i+1} \leq \cdots \leq b$ である.たとえば,$|q| = 208$ で $a = 16$ の場合,$|q_1| = 16$,$|q_2| = 64$,$|q_3| = 128$ という分割となる.

まず,索引の行 R_{c_1} で q_1 を用いて検索する.この結果から,q_1 から ϵ の距離までにある MBR の集合を得る.得られた MBR(B とする)に対する ϵ の値を次式により減少させる(すなわち,探索範囲を狭める).

$$\epsilon' = \sqrt{\epsilon^2 - d(q_1, B)^2} \tag{6.7}$$

ここで,$d(q_1, B)$ は,q_1 と B の(最短)距離である.すなわち,点 q_1 にもっとも近い B の辺と点 q_1 との距離である.この探索範囲の狭隘化は,q_1 の検索で $d(q_1, B)$ の

差が生じているので，残りの ($q_2, \cdots, q_t$ の) 検索では，その残りの検索範囲内になければ全体として ϵ 内に検索候補が収まらないことを利用している．

次に，行 R_{c_2} で q_2 を用いて検索を行い，q_2 から ϵ' の距離までにある MBR の集合を得る．このプロセスを残りの $R_{c_3}, \cdots, R_{c_t}$ まで続ける．

MR インデックスは，異なる解像度の小さな索引構造を複数作成するため，容量を大きくとってしまうという問題がある．

6.2.5 区間分割と部分検索

時系列データを短い区間に区切って処理する方法がある．音声データを短い区間に区切り，区間に対してフーリエ変換し，音声の特徴を求めるのがその例である．

ここでは，時系列データ T を，$w \ll |T|$ という条件を満足するような w 点ごとの区間に区切り，処理することを考える．また，w は，6.2.3 項で述べた ST インデックスにおける最小の検索キー波形の長さ l よりも短く ($w < l$)，ずらしの長さ u と同程度の長さ ($u \approx w$) である．

時系列データをこのような多数の区間として表現する場合に，部分検索を効率よく行うことが求められる．この手法[31]について述べる．

まず，多次元索引構造を作成する際に，連続して似ている区間を一つの区間群としてまとめる．そして，区間群を，区間群に属する区間を内包する MBR として索引構造に格納する．MBR の決定には，たとえば，6.2.3 項で述べたコスト関数（式 (6.6)）が利用できる．この様子を図 6.7 に示す．図中，$sg_1, \cdots, sg_m$ は m 個の区間群を表している．

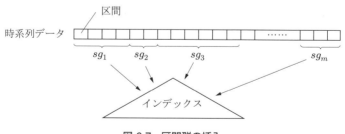

図 6.7　区間群の挿入

次に，検索時（索引を引くとき，および非類似度を計算するとき）の処理について説明する．

この場合，検索キー波形を長さ w で等分割し，できた n 個の区間の代表特徴量で索引を引き，その結果を解候補集合とする方法が一番単純である．しかし，この方法では n が大きい場合，索引を引く回数も n 回と多くなるので，検索コストが大きくなっ

てしまう恐れがある．

　また，検索キー波形と解候補の各波形とで非類似度を求める場合，検索キー波形と解候補の各波形をともに長さ w で等分割し，対応する区間ごとに非類似度を求め，それを合算する方法が考えられる．しかし，n が大きい場合，検索キーと比較して相対的にきわめて小さい区間ごとの比較となるため，視覚的に似ているにもかかわらず，区間がずれているために非類似度が大きくなってしまう可能性がある．さらに，キー波形に対して，非常に小さな区間どうしで計算をすると，視覚的に重要でない部分（ノイズ）が非類似度に大きく影響してしまう．

　これらの問題を解決するために，索引を引くとき，および非類似度を計算するときに，区間単位で行うのではなく，複数区間での各特徴量の平均値を使用する．以後，この区間を複数集めたものを**区域**とよぶ．また，多少のずれを吸収するために，区域どうしのいくつかの区間を重複させる．この方法を**区域検索法**とよぶ．

　この様子を図 6.8 に示す．これにより，過度に敏感になることやノイズの影響を軽減できる．

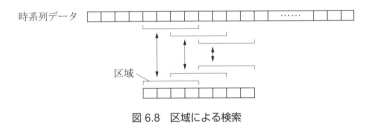

図 6.8　区域による検索

6.3　索引付けの事例

　ここでは，図 6.9 に示すような上下に激しく振動する波形の検索のための索引の構成と，それを用いた検索について述べる．まず，このような波形の類似性判定のための非類似度について述べる．次に，索引の構成方法について説明し，最後に，検索方法について説明する．

(1)　視認性を考慮した非類似度

　高周波成分を多くもつ時系列データに対しては，人間の視覚的な認識に近い類似性の判定のために，次の 2 点を考慮する必要がある．

- 周波数の高低による識別性の考慮：
　　人間の目は，低い周波数の波形の場合，周波数の違いや位相のずれなども認識できるが，周波数が高くなるにつれて，周波数や位相の違いを認識することが困

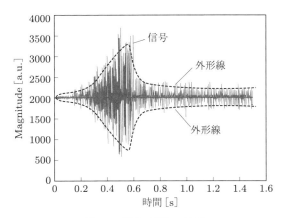

図 6.9 動きの激しい波形

難になるという特性を考慮する．

● 外形線の考慮：

高周波成分を多く含む波形の場合，波形の上下に図 6.9 の破線のような外形線が認識できる．この曲線の形が類似性の判定に有効である．

そこで，波形および波形の外形線の周波数帯を低周波域，中周波域，高周波域の三つに分類し，各帯域によって評価の方法を変えることで，より人間の視覚的認識に近い非類似度を求めることを可能としている．時系列データ $x = [x_t]$, $y = [y_t]$ の非類似度 $D'(x, y)$ は，実数 r_1, r_2, r_3 に対し次式で求められる．

$$D'(x, y) = r_1 \cdot D_1(x, y) + r_2 \cdot D_2(x, y) + r_3 \cdot D_3(x, y) \tag{6.8}$$

ここで，D_1, D_2, D_3 は，整数 k, l, d および列 $\{i_j\}_{j=0}^{d}$ に対して以下のようになる．

$$D_1(x, y) = \sqrt{\sum_{f=1}^{k-1}(X_f - Y_f)^2} + \sqrt{\sum_{f=k}^{l-1}(|X_f| - |Y_f|)^2} \tag{6.9}$$

$$D_2(x, y) = \sqrt{\sum_{f=1}^{k-1}(X'_f - Y'_f)^2} + \sqrt{\sum_{f=k}^{l-1}(|X'_f| - |Y'_f|)^2} \tag{6.10}$$

$$D_3(x, y) = \sqrt{\sum_{j=1}^{d}\Bigl(\sum_{f=i_{j-1}+1}^{i_j}(|X'_f|) - |Y'_f|\Bigr)^2} \tag{6.11}$$

$[X_f]$, $[Y_f]$ は時系列データ $[x_t]$, $[y_t]$ のフーリエ級数を表す．また，$[X'_f]$, $[Y'_f]$ は，時系列データ $[x_t]$, $[y_t]$ から l 未満の周波数成分を除いた外形線の時系列データ $[x'_t]$, $[y'_t]$ のフーリエ級数を表す．r_1, r_2, r_3 は，それぞれ，$D_1(x, y)$, $D_2(x, y)$, $D_3(x, y)$

の重みである．k は低周波と中周波を分ける閾値であり，l は中周波と高周波を分ける閾値である．d は高周波を分割する数であり，列 $\{i_j\}_{j=0}^{d}$ は分割した高周波の列である．この非類似度を漸均・外形スペクトル距離とよんでいる．

(2) 索引の構成

ここでは，6.2.5 項で述べた区間分割による方法を採用する．索引木には R* 木を使用し，連続して似ている区間の列を区間群として登録する．

また，漸均・外形スペクトル距離を求める際のパラメータを，それぞれ，$r_1 = 1$，$r_2 = 5$，$r_3 = 6$，$k = 7$，$l = 57$，$d = 8$ としている．この場合，漸均・外形スペクトル距離を求めるために必要なフーリエ係数の数は 133 個である．以降，これらのフーリエ係数を特徴量とよぶ．しかし，これをこのまま R* 木に格納するということは，特徴量を 100 次元以上の空間中の点として扱うということであり，多次元索引構造における次元の呪いの問題から好ましくない．そこで，特徴量の各帯域から周波数が低い 2 点を選出（ただし，低周波域と外形線低周波域は例外）して得られる計 15 個の特徴量を代表特徴量とし，これらを R* 木に格納する．代表特徴量の内訳を**表 6.1** に示す．

この方法で構築した索引を区間群インデックスとよぶ．

表 6.1 代表特徴量の内訳

帯　域	特徴量の数	備　考
低周波	4	原点含まず，実部 2，虚部 2
中周波	2	成分の大きさ
外形線 低周波	5	原点含み，実部 2，虚部 2
外形線 中周波	2	成分の大きさ
外形線 高周波	2	成分の大きさ

(3) 検索方法

検索には，6.2.5 項で述べた区域検索法を使用する．これにより，効率よく索引木を使用することができ，また，多少のずれを吸収することができる．

(4) 検索例

これまでに述べた方法で検索した例を示す．このデータは，1 波形あたり 131,072 点で構成されている．各波形を 512 点，つまり，$w = 512$ ごとに区切り，256 個の区間を作成している．

2,000 個の波形の中から図 6.9 に示した波形を検索キーとして，これに類似した波形を求め，この結果，もっとも類似しているとされた波形と 2 番目に類似しているとされた波形を，それぞれ，**図 6.10** と**図 6.11** に示す．両方とも検索キーに類似している

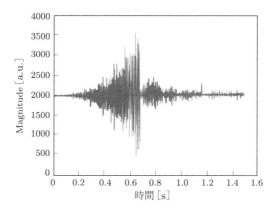

図 6.10　もっとも類似している波形

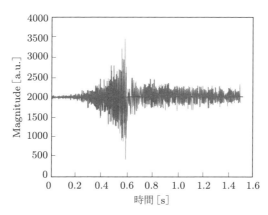

図 6.11　2 番目に類似している波形

ことがわかる．

演習問題

6.1 時間領域での索引付けと周波数領域での索引付けの特徴を述べ，利点と欠点を述べよ．
6.2 APCA 表現が PAA 表現と比較して有利となる時系列データの例を示せ．また，あまり有利とならない例を示せ．
6.3 索引の構築において，山の個数と山の面積という二つのパラメータを使用する APCA 法と，SBR をもとにする方法それぞれの利点と欠点を述べよ．
6.4 Rafiei らの時系列の変換を考慮した方法では考慮されていない変換を述べよ．

第7章  時空間データに対する索引構造

本章では，時間と空間を統合的に管理する索引構造について述べる．おもに二つの方法があり，一つは，時空間データに対して木構造により索引付けを行う方法である．時間データを木構造で表現して空間データを属性で管理する方法と，逆に，空間データを木構造で表現して時間データを属性で管理する方法，および時間データと空間データを異なる木構造で管理する方法や，空間データを表現する木構造を時間のバージョンごとに管理する方法について説明する．

もう一つは，分割により時空間データを管理する方法である．あらかじめ，全空間，全時間を分割しておき，分割された区間にコードを付与することで時空間データを管理する方法について説明する．

7.1 木構造の索引を用いる方法

時空間データに対して木構造により索引付けを行う方法は，時間と空間を分離して扱うか，属性等のほかの情報を利用するかなどにより，いくつかの種類に分類できる．ここでは，まず，その分類について述べる．そして，時空間データに対する木構造索引の中で比較的検索性能と格納効率のバランスがよい Adaptive Tree を紹介する．これらの索引は，開始時刻（対象の生成時刻）も終了時刻（対象の終了時刻）も確定したデータを扱っている．終了時刻が未決である，現存している対象（現存オブジェクト）の管理は考慮されていない．最後に，現存オブジェクトを扱ういくつかの索引構造について述べる．

7.1.1 分類

時空間データの管理方法は，以下に示す四つの構造に分類できる[32]．

(1) 時空間統合1木構造

時間も空間も位置情報としてもち，空間（2次元または3次元）＋時間（1次元）の3次元（または，4次元）データとして，一つの索引木で管理する．一つの構造しか扱わないので実装が容易であり，時空間問い合わせをより効率的に処理できるという利

点がある.

(2) 属性利用1木構造

空間データか時間データのどちらかを一つの索引木で管理し,他方のデータは属性として扱う.

- 空間データを索引木で管理し,時間データは属性として扱う方法
- 時間データを索引木で管理し,空間データは属性として扱う方法

(3) 2木構造

空間データを管理する索引木(空間木)と時間データを管理する索引木(時間木)という二つの索引木を用いる.この場合,以下に示す方法がある.

- 同時検索方式:

  時空間問い合わせの場合,空間木と時間木の二つの索引木にアクセスし,それらの解の積をとって解を求める.積をとった結果は,通常,ほとんど残らないので,不要なディスクアクセスを大量に行ってしまうという欠点がある.
- 優先検索方式:

  検索前に検索条件を検査し,空間木,時間木のうち検索範囲が狭くて済む方の木を検索するという方式である.次項で説明する Adaptive Tree で利用されている方法である.

(4) 多木構造

時間によるバージョンごとに索引木を構築して,各索引木で空間情報を保持する.空間データのスナップショットをとっていることになる.

基本的に,一つの木で時空間情報を管理する場合,時間と空間との組み合わせやモデリングが性能に直接影響を及ぼす.一方,複数の木を用いる場合は,その使用方法が問題となる.また,複数木では更新性や空間コストの問題がある.以上をまとめると,すべての種類の問い合わせを高速に処理する方法はなく,どれもある種の問い合わせにはよいが,ほかに対してはよくないということである.

7.1.2 Adaptive Tree

Adaptive Tree は,前述のように,空間データ用の木構造索引と時間データ用の木構造索引をもち,検索条件を検査して,空間索引と時間索引のうち検索範囲が狭くなる方を先に使用して検索を行う方法である[33].

空間索引としては,当初,k-d 木を使用していたが,動的データを扱うために MD 木[34] に変更している.

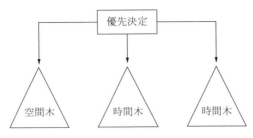

図 7.1 Adaptive Tree

時間索引は，区間 $[start, end]$ を 2 次元平面上の点 $(start, end)$ に変換し，さらに，これを 3 分木により管理している．

Adaptive Tree の例を**図 7.1** に示す．

7.1.3 現存オブジェクトの扱い

これまでに述べてきた方法では，現在存在するオブジェクト（現存オブジェクト）を考慮していない．現存オブジェクトを扱う方法には以下の方法がある．

(1) フロント木とバック木

現存オブジェクトを管理する索引木（**フロント木**）と，過去に存在したオブジェクトを管理する索引木（**バック木**）を使用する方法である．2 次元（または，3 次元）の空間データを扱う場合，フロント木は 2 次元（3 次元）の索引木で実現できる．バック木は，時間情報があるので，3 次元（4 次元）の索引木となる．

この手法では，データの存在が終了すると，データはフロント木からバック木に移動する．この手法の興味深い点は，データの復活を扱える点である．すなわち，データが復活すると，フロント木に再度そのデータが格納されるのである．この様子を**図 7.2** に示す．

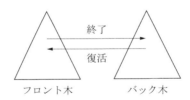

図 7.2　フロント木とバック木

(2) MD-R 木

時区間をそのまま区間として扱う場合，従来の時空間統合 1 木構造の索引木では，以下の問題がある．

- 時間的に全区間を覆うようなオブジェクトが存在する場合，MBR どうしの重なる可能性が高く，検索効率の低下を招く．
- 終了時刻が不明なオブジェクトの場合，現在時刻の更新のつど，すべての現存データの更新を行うこととなり，更新性能を低下させることになる．

現在時刻の管理としては，多木構造が挙げられるが，この方法ではデータの格納コストが大きいうえ，検索範囲が大きいと複数のバージョン木を検索することになるため，検索効率の低下を避けられない．

そこで，時間区間を，開始時刻と終了時刻の二つの次元からなる平面上の点として管理を行う．すなわち，1 次元で扱ってきた時間を，開始時刻と終了時刻からなる 2 次元の点と考える．これにより，全時区間を覆うようなオブジェクトによる検索効率の低下を克服できる．これは，5.2.1 項で説明した変換法とよばれる方法で，Adaptive Tree の時間木での時間の管理でも利用されている方法である．

また，現存オブジェクト（すなわち，終了時刻が未定のオブジェクト）は，終了時刻を定数 $Now\ (= 0)$ として扱い，終了時刻が判明した時点で $t_1 \leq t_2$ の領域の点としてデータの更新を行う[32]．これにより，時変オブジェクトのデータ更新を容易に行うことが可能である．この様子を図 7.3 に示す．オブジェクト C とオブジェクト F は現存オブジェクトである．管理上は，これらのオブジェクトの終了時刻を 0 としている．この構造を R 木を用いて実現し，**MD-R 木**（Multi Dimension–R-tree）とよんでいる[32]．

空間が 2 次元の時空間データである場合，従来の時空間統合 1 木構造の索引木は，以下に示す 2 点で表される MBR で時空間データを表現する．

$$Upper(start\text{-}time, space\text{-}x1, space\text{-}y1),$$
$$Lower(end\text{-}time, space\text{-}x2, space\text{-}y2)$$

これに対し，この MD-R 木では，時間の開始時刻，終了時刻，空間の x 軸，y 軸の計 4 次元データとして，以下に示す 2 点で表される MBR で時空間データを表現する．

$$Upper(start\text{-}time, end\text{-}time, space\text{-}x1, space\text{-}y1),$$
$$Lower(start\text{-}time, end\text{-}time, space\text{-}x2, space\text{-}y2)$$

また，現存オブジェクトは，以下に示す 2 点で表される MBR で表現する．

$$Upper(start\text{-}time, Now, space\text{-}x1, space\text{-}y1),$$
$$Lower(start\text{-}time, Now, space\text{-}x2, space\text{-}y2)$$

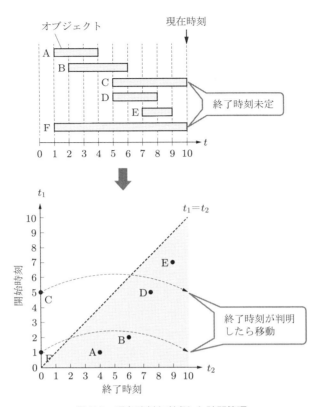

図 7.3　現在時刻を考慮した時間管理

7.2　分割による方法

　地理情報システム（GIS）のデータ表現では，4分木や8分木が標準的に使用されている．4分木や8分木には，(1) 部分的に詳細な表現が必要な場合にはよい，(2) 近隣の探索には兄弟ノードを調べればよく，効率がよい，という利点がある．4分木や8分木には，空間があらかじめ決定されていないと利用できないという問題があるが，GIS では通常決定できるので問題ではない．

　Varma らは，分割を用いた時空間のコーディングを提案している[35]．これは **Hyspatコード**（Hydrographic Hyperspatial Code）というもので，空間を4分割，時間も入れて8分割し，数字を割り当ててできるコードである．たとえば，**図 7.4** のように，領域 303 は，さらに，領域 3031，3032，3033，3034 に分割される．したがって，あらかじめ全空間，全時間を分割しておかなければならない．ただし，コード長が 35 桁あれば，地球表面全体，1034 年間を，時空間解像度 5.7 mm × 5.7 mm × 1 秒で表現

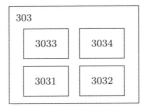

図 7.4 Hyspat コード

可能である.

演習問題

7.1 Adaptive Tree が有効にはたらく例を示せ.
7.2 木構造による方法と分割による方法の利点と欠点を述べよ.

演習問題解答

第1章

1.1 データモデルを規定するのは，データを表現する構造，それらの操作体系，ならびに制約の3要素である．

1.2 データベース管理システムが提供するインタフェースという役割と，実世界のモデリングツールとしての役割である．

1.3 ブラウジングでは，見落としの可能性はあるものの検索漏れはない．しかし，データが大量の場合には，すべて見るのは困難である．

　ナビゲーションでは，利用者が興味のある方向に移動していくことができる．また，リンクをたどっていく途中で本来の目的ではない副次的な情報を得ることができる場合もある．しかし，全体の中のどこにいるのかがわかりにくくなるという難点がある．また，必ずしも正解にたどり着くとは限らず，正しく検索できるとは限らない．さらに，遠回りする可能性があり，効率的に検索できるとは限らない．

　問い合わせは，対象が大量のデータの場合に有効である．ただし，適正な検索条件を指定するのが困難なことがあり，検索漏れの恐れがある．

1.4 キーワードの利点は実現が簡単なことである．欠点は，情報に適切なキーワードを自動的に付与することは困難なことが多く，単語の表記の揺れがあることである．また，キーワードを付与する人によってキーワードが異なってしまうという問題や，キーワードが時代とともに変遷するという問題もある．

1.5 2分探索木とB木は，どちらも木構造に基づく索引構造である．2分探索木は子のノードがたかだか2個しかないのに対し，B木は多数の子ノードをもつことができる．したがって，B木は木の高さを低く抑えることができる．2分探索木は平衡木でなく，データの挿入順によって構造が大きく変化する可能性があるが，B木は平衡木であり，つねに平衡が保たれている．2分探索木はメモリ上での実現を念頭に置いており，B木は2次記憶装置での実現を念頭に置いている．

1.6 2分探索木を用いた検索の最良の時間計算量は，データ数を N としたとき，$O(\log N)$（平衡のとれているとき）であり，最悪の時間計算量は $O(N)$（線形リストになっているとき）である．

1.7 データ数を N，キーの長さを L としたとき，以下である．
(1) B木：$O(\log N)$　(2) トライ：$O(L)$　(3) ハッシュ：$O(1)$

第2章

2.1 HTML文書とXML文書は，どちらもタグ付き文書であり，半構造データである．タ

グにより構造を表現でき，SGML をもとにしている．HTML は，タグが固定であり，タグを自由に設定することはできない．また，内容と表現が混在している．これに対し，XML はメタ言語であり，タグを自由に設定することができる．また，XML では内容を記述するのみで，どのように表現するかは記述していない．

2.2 2 バイト × 2 ステレオ × 44,100 × 60 秒 × 3 分 = 31,752,000 バイト

2.3 どちらも大きい周波数成分の近くの小さな周波数成分の音は聞こえない．同時マスキング効果はある時刻における効果であるのに対し，継時マスキング効果は時間的な前後における効果である．

2.4 RGB 各 10 ビットであるので，1 画素を表現するのに 30 ビット必要である．ここで，2 ビットの余りを設けて 32 ビットとすると，4 バイトとなり扱いが容易となるので，1 画素を 4 バイトで表現する．縦 100 画素，横 200 画素であるので，100 × 200 × 4 バイト = 80,000 バイト となる．

2.5 フレーム内予測もフレーム間予測も，画素の周りの画素が類似していることを利用する．周囲の画素値から当該画素の画素値を予測し，予測値と実際の値の差分を記録するが，差分が 0 の場合は記録しない．フレーム内予測では画像内の近隣の画素を用いるのに対して，フレーム間予測では時間的に前後両方またはどちらかの画素を用いる点が異なる．また，フレーム間予測では，動く物体がある場合に，動きを検出し，動きベクトルで表現することにより，データ量の削減を行う．

2.6 JPEG や MPEG では，ほかの周波数変換を用いるよりも低周波成分に重要な情報が偏りやすい離散コサイン変換を使用し，ほとんど信号が現れない高周波成分を削除することによりデータ量を削減する．高周波成分を削除してしまうので，完全にもとには戻らず，可逆圧縮ではない．

2.7 I ピクチャはフレーム内予測による圧縮を行う．P ピクチャは前のフレームからのフレーム間予測を行い，B ピクチャは前後のフレームからのフレーム間予測を行う．

2.8 適応的量子化は，人間の視覚特性が，変化のない滑らかな部分には敏感であるが，変化の激しいところは鈍感であることを利用するものである．適応的量子化では，動きのないところは量子化ステップを細かくし，動きの激しいところは量子化ステップを粗くする．これによりデータ量の削減を図る．

2.9 基礎的なモデルとして，ワイヤーフレームモデル，サーフェスモデル，ソリッドモデルがある．ワイヤーフレームモデルは，3 次元立体を線分の集まりで表現するモデルである．サーフェスモデルは，3 次元立体を面の集まりで表現するモデルである．ソリッドモデルは，3 次元立体を体積をもった 3 次元物体により表現するモデルである．

2.10 CG で雲を描くためには，形が一定しない物体を表現する機能が必要である．無数の細かい粒子により物体を表現するパーティクルシステムはその機能をもつ．

━━━━━━ 第 3 章 ━━━━━━

3.1 時間と空間を区別するアプローチでは，時空間データを空間データの時系列データとし

142 演習問題解答

て扱うため，人間の時空間に対する感覚に近い操作が可能であるが，時間と空間を区別して扱わなければならず，煩雑であるという欠点がある．一方，時間と空間を区別しないアプローチは，時間と空間を区別せずに統一的に扱えるという利点があるが，人間の時空間に対する感覚に近い操作が行いにくいという欠点がある．

3.2 （略）

3.3 （略）

3.4 MPEG-7 も CORM も，構造と内容表現を分離し，その間の対応付けを行う点が類似している．CORM では，意味内容を表す概念表現のメタ表現である世界表現を導入している．

第 4 章

4.1 変数間に強い相関がある場合，ユークリッド距離等の通常の距離では，相関の強い変数の影響が強くなってしまい，適切に距離を表せない場合がある（マハラノビスの汎距離では変数間の相関を考慮することができる）．

4.2 たとえば，信号をフーリエ変換し，得られた 100 以上のフーリエ係数のユークリッド距離を使用して，二つの信号の類似性を判定する場合である．

4.3 マルチメディアデータそのものでの類似性の判定とは，動画を表現するビット列と音楽を表現するビット列を使用して類似性を判定することである．特徴量による類似性の判定とは，たとえば，動画中のある時刻の画像の輝度値の平均と音楽のある時刻のレベルを使用して類似性を判定することである．時系列での特徴量の変化の仕方の類似性も，特徴量レベルでの類似性の判定の例である．内容レベルでの類似性の判定とは，たとえば，動画がマーチングバンドの行進風景で，音楽が行進曲である場合，「マーチングバンドの行進」と「行進曲」により類似性を判定することである．ただし，これらをキーワードで表現しておくか，単語ベクトルのように表現しておくか，一種のグラフを用いて表現するかによって，処理レベルでの類似性の判定は異なる．

4.4 検索のもととなる動画がある場合が同種のメディアのデータの場合である．動きを模した曲線の動画がある場合が同種のメディアデータの手がかりの場合である．動画にムードが合った音楽がある場合が異種のメディアデータの手がかりの場合である．動画の内容を表す内容表現（キーワード等）がある場合が内容表現の手がかりの場合である．

第 5 章

5.1 解図 5.1

5.2 解図 5.2

5.3 解図 5.3

5.4 解図 5.4 に例を示す．

5.5 解図 5.5

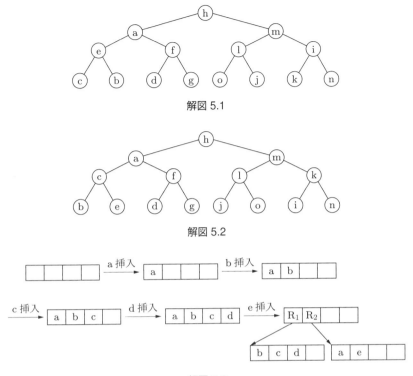

解図 5.1

解図 5.2

解図 5.3

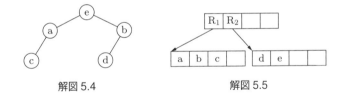

解図 5.4　　　　　解図 5.5

5.6　a: 65, b: 4, c: 29, d: 95, e: 34, f: 100, g: 121, h: 48

第 6 章

6.1　時間領域での索引付けは，時系列データを概形として捉え，概形から，たとえば，山の数などの数値情報に対して索引付けを行う．周波数領域での索引付けでは，時系列データをそのままでは扱わず，周波数表現に変換し，影響力の大きい成分に対して索引付けを行う．時間領域での索引付けでは，コストの高い周波数変換を必要としないが，全体構造の把握や認識しづらい成分の利用は困難である．一方，周波数領域での索引付けでは，コストの高い周波数変換を必要とするが，時系列データそのものでは認識しづらい成分を利用することが可能である．

144 演習問題解答

6.2 動きが一定でない時系列データでは，APCA 表現が PAA 表現と比較して有利となる．一方，周期的な動きの時系列データの場合，PAA 表現では固定幅を周期と一致させると効率的に表現できるので，APCA 表現でもあまり有利とならない．

6.3 山の個数と山の面積という二つのパラメータを使用する方法は，簡潔な値で時系列の特徴を表しているので扱いが容易である反面，詳細な類似度判定は困難である．一方，SBRをもとにする方法では扱いが煩雑であるが，詳細な類似度判定が可能である．

6.4 回転は考慮されていない．

━━━━━━━━━━ **第7章** ━━━━━━━━━━

7.1 Adaptive Tree は，空間データと時間データの優先順位が事前に決められない場合に有効である．たとえば，タクシーの運行記録の検索で，ある地域を運行したタクシーを求めたり，ある時間区間内に運行していたタクシーを求めたりといった場合や，その組み合わせで検索をする場合である．

7.2 木構造による方法は，部分的に詳細な表現が必要な場合は必要なところだけ詳細にでき，近隣の探索には兄弟ノードを調べればよく，効率がよいが，全体を通しての管理は困難である．一方，分割による方法では，あらかじめ全空間をコード化するので，全体を通しての管理が容易で，また，コードを使用して高速にアクセスできる反面，すべてを詳細に表現しなければならない．

参考文献

本書において,参考文献として本文中に挙げたものを以下に示す.
[1] 浅野 哲夫:データ構造,近代科学社 (1992).
[2] 佐久間 尚子,伊集院 睦雄,伏見 貴夫,辰巳 格,田中 正之,天野 成昭,近藤 公久:単語心像性,NTT データベースシリーズ日本語の語彙特性 第3期(第8巻),三省堂 (2005).
[3] G. Tzanetakis, P. Cook : Musical genre classification of audio signals, IEEE Transactions on Speech and Audio Processing, Vol. 10, No. 5, pp. 293–302 (2002).
[4] J. F. Allen and G. Furguson : Actions and Events in Interval Temporal Logic, Journal of Logic and Computation, Vol. 4, No. 5, pp. 531–579 (1994).
[5] E. Clementini and P. Felice : An Algebraic Model for Spatial Objects with Indeterminate Boundaries, Spatial Objects with Indeterminate Boundaries, Tayler & Francis (1993).
[6] 徳永 健伸:情報検索と言語処理,東京大学出版会 (1999).
[7] 中西 崇文,北川 高嗣,清木 康:意味の数学モデルによる異種メディア間検索の実現方式,情報処理学会データベースシステム研究会,128-73, pp. 541–548 (2002).
[8] 宝珍 輝尚,都司 達夫:感性に基づくマルチメディアデータの相互アクセス法,情報処理学会論文誌:データベース,Vol. 43, No. SIG 2 (TOD 13), pp. 69–79 (2002).
[9] World Wide Web Consortium : RDF Primer, https://www.w3.org/TR/2004/REC-rdf-primer-20040210/ (2004).
[10] 上原 邦昭,麻植 周,堀内 直明:ストーリを考慮したビデオの内容記述モデル,情報処理学会論文誌,Vol. 39, No. 4, pp. 943–953 (1998).
[11] 是津 耕司,上原 邦昭,田中 克己:時刻印付きオーサリンググラフによるビデオ映像のシーン検索,情報処理学会論文誌,Vol. 39, No. 4, pp. 923–932 (1998).
[12] 柴田 正啓:映像の内容記述モデルとその映像構造化への応用,情報処理学会論文誌 D-II, Vol. J78-D-II, No. 5, pp. 754–764 (1995).
[13] 国枝 孝之,高橋 望,脇田 由喜:MPEG-7 と映像検索,CQ 出版 (2004).
[14] 宝珍 輝尚:マルチメディアデータの内容検索についての一考察,情報処理学会データベースシステム研究会,81-1, pp. 1–10 (1991).
[15] M. Vazirgiannis, Y. Theodoridis, T. Sellis : Spatio-temporal composition and indexing for large multimedia applications, Multimedia Systems, Vol. 6, No. 4, pp. 284–298 (1998).
[16] J. L. Bently : Multidimensional binary search trees used for associative searching, Comm. ACM, Vol. 18, No. 9, pp. 509–517 (1975).

[17] J. Nievergelt and H. Hinterberger : The Grid File: An Adaptable, Symmetric Multi-key File Structure, ACM Trans. on Database Systems, Vol. 9, No. 1, pp. 38–71 (1984).

[18] A. Andoni and P. Indyk : Near-Optimal Hashing Algorithms for Approximate Nearest Neighbor in High Dimensions, Communications of the ACM, Vol. 51, No. 1, pp. 117–122 (2008).

[19] A. Guttman : R-Trees: A Dynamic Index Structure for Spatial Searching, Proc. of ACM SIGMOD'84, pp. 47–57 (1984).

[20] T. Sellis, N. Roussopoulos, and C. Faloutsos : The R^+-Tree: A Dynamic Index for Multi-Dimensional Objects, Proc. of 13th VLDB Conf., pp. 507–518 (1987).

[21] J. A. Orenstein : Spatial Query Processing in an Object-Oriented Database System, Proc. of 1986 ACM SIGMOD Int'l Conf. on Management of Data, pp. 326–336 (1986).

[22] S. Berchtold, D. A. Keim, and H.-P. Kriegel : The X-tree: An Index Structure for High-Dimensional Data, Proc. of 22nd VLDB Conf., pp. 28–39 (1996).

[23] J. M. Hellerstein, J. F. Naughton, and A. Pfeffer : Generalized Search Trees for Database Systems, Proc. of 21st Int'l Conf. on Very Large Data Bases (VLDB95), pp. 562–573 (1995).

[24] E. Keogh, K. Chakrabarti, M. Pazzani, and S. Mehrotra : Dimensionality Reduction for Fast Similarity Search in Large Time Series Databases, Knowledge and Information Systems, Vol. 3, No. 3, pp. 263–286 (2000).

[25] E. J. Keogh, K. Chakrabarti, S. Mehrotra, and M. Pazzani : Locally Adaptive Dimensionality Reduction for Indexing Large Time Series Databases, Proc. of 2001 ACM-SIGMOD Int'l Conf. on Management of Data, pp. 151–162 (2001).

[26] Q. Li, I. F. V. Lopez, and B, Moon : Skyline Index for Time Series Data, IEEE Transactions on Knowledge and Data Engineering, Vol. 16, No. 6 (2004).

[27] R. Agrawal, C. Faloutsos, and A. Swami : Efficient Similarity Search in Sequence Databases, Proc. Int'l Conf. on Foundations of Data Organizations and Algorithms (FODO'93), pp. 69–84 (1993).

[28] D. Rafiei and A. O. Mendelzon : Querying time series data based on similarity, IEEE Transactions on Knowledge and Data Engineering, Vol. 2, No. 5, pp. 675–693 (2000).

[29] C. Faloutsos, M. Ranganathan, and Y. Manolopoulos : Fast subsequence matching in time-series databases, Proc. of 1994 ACM SIGMOD Int'l Conf. on Management of Data, pp. 419–429 (1994).

[30] T. Kahveci and A. K. Singh : Optimizing Similarity Search for Arbitrary Length Time Series Queries, IEEE Transactions on Knowledge and Data Engineering, Vol. 16, No. 4, pp. 418–433 (2004).

[31] T. Hochin, Y. Yamauchi, H. Nakanishi, M. Kojima, and H. Nomiya : Indexing of plasma waveforms for accelerating search and retrieval of their subsequences, Fusion Engineering and Design, Vol. 85, No. 5, pp. 649–654 (2010).

[32] 丸山 幹夫, 宝珍 輝尚, 樋口 健, 都司 達夫：時々刻々と変化する時空間情報を管理するための索引手法, 第 12 回データ工学ワークショップ (DEWS 2001), 7A-2 (2001).

[33] 才脇 直樹, 仲 篤起, 野沢 博, 西田 正吾：高速検索のための時空間データ管理の一方式～動的データへの対応～, 情報処理学会データベースシステム研究会, 116-38, pp. 87–92 (1998).

[34] Y. Nakamura, S. Abe, Y. Ohsawa, M. Sakauchi : A Balanced Hierarchical Data Structure for Multidimensional Data with Highly Efficient Dynamic Characteristics, IEEE Transactions on Knowledge and Data Engineering, Vol. 5, No. 4, pp. 682–694 (1993).

[35] H. P. Varma, H. Boudreau, W. Prime : A Data Structure for Spatio-Temporal Databases, International Hydrographic Review, Vol. LXVII, No. 1, pp. 71–92 (1990).

その他の参考文献を以下に示す.

第 1 章

[36] 川越 恭二：楽しく学べるデータベース, 共立出版 (2014).

[37] 上林 弥彦：データベース, 昭晃堂 (1986).

[38] 北川 博之：データベースシステム, オーム社 (2014).

[39] 都司 達夫, 宝珍 輝尚：データベース技術教科書, CQ 出版 (2003).

[40] 増永 良文：リレーショナルデータベース入門第 3 版, サイエンス社 (2017).

第 3 章

[41] 増永 良文：マルチメディアデータベースと時間, 情報処理, Vol. 36, No. 5, pp. 369–377 (1995).

[42] A. Kumar, V. J. Tsotras, and C. Faloutsos : Designing Access methods for Bitemporal Databases, IEEE Transactions on Knowledge and Data Engineering, Vol. 10, No. 1, pp. 1–20 (1998).

[43] O. Etzion, S. Jajodia, S. Sripada (eds.) : Temporal Databases: Research and Practice, Springer (1998).

[44] R. H. Guting : An Introduction to Spatial Database Systems, VLDB Journal, Vol. 3, No. 4, pp. 357–400 (1994).

[45] Y. Wu, S. Jajodia, and X. S. Wang : Temporal Database Bibliography Update, in Temporal Databases: Research and Practice, pp. 338–366 (1998).

第 5 章

[46] B. Seeger and H.-P. Kriegel : The Buddy-Tree: An Efficient and Robust Access method for Spatial Data Base Systems, Proc. of 16th VLDB Conf., pp. 590–601 (1990).

[47] C. Faloutsos, H. V. Jagadish, Y. Manolopoulos : Analysis of the n-Dimensional Quadtree Decomposition for Arbitrary Hyperrectangles, IEEE Transactions on Knowledge and Data Engineering, Vol. 9, No. 3, pp. 373–383 (1997).

[48] C. Faloutsos and Y. Rong : DOT: A Spatial Access Method Using Fractals, Proc. of 7th Int'l Conf. on DATA ENGINEERING, pp. 152–159 (1991).

[49] H. Lu and B.-C. Ooi : Spatial Indexing: Past and Future, IEEE Data Eng. Bul., Vol. 16, No. 3, pp. 16–21 (1993).

[50] H. Samet : The Design and Analysis of Spatial Data Structures, Addison-Wesley Publishing Company (1994).

[51] I. Kamel and C. Faloutsos : Hilbert R-tree: An Improved R-tree Using Fractals, Proc. of 20th VLDB Conf., pp. 500–509 (1994).

[52] M. Freeston : A General Solution of the N-dimensional B-tree Problem, Proc. of 1995 ACM SIGMOD Int'l Conf. on Management of Data, pp. 80–91 (1995).

[53] M.-L. Lo, and C. V. Ravishankar : The Design and Implementation of Seeded Trees: An Efficient Method for Spatial Joins, IEEE Transactions on Knowledge and Data Engineering, Vol. 10, No. 1, pp. 136–152 (1998).

第7章

[54] 大沢 裕：時空間データ管理の為の一方式，情報処理学会データベースシステム研究会，116-75，pp. 311–318 (1998).

[55] K. K. Al-Taha, R. Snodgrass, M. D. Soo : Bibliography on Spatiotemporal Databases, SIGMOD RECORD, Vol. 22, No. 1, pp. 59–67 (1993).

索引

英数先頭

2 乗コスト法　95
2 相ロッキングプロトコル　36
2 分探索木　15
3 次元幾何モデル　53
4 分木　86
8 分木　86
Adaptive Tree　135
APCA 法　121

B^+ 木　26
B 木　19

CODASYL　7
Content Representation Model for multimedia data　65
CORM　65

DFT　124

ER 図　7

Hyspat コード　138

k-d 木　83
kNN　75
k 近接問い合わせ　75

MBR　90
MD-R 木　137
MDS　63
MIDI　44
MP3　44
MPEG-7　63
MR インデックス　127
Multimedia Description Scheme　63

n-gram インデックス　13

PAA 法　121
PCM　43

R 木　92
R^* 木　104
R^+ 木　109

RDF　62
Resource Description Framework　62
SBR　123
Skyline インデックス　123
Skyline 外接領域　123
SMF　44
ST インデックス　126
TF-IDF　61
WAVE　44
X 木　113
Z 順序化　112

あ 行

値指向　8
アボート　35
一貫性　33
一般化探索木　114
意味的なデータモデル　9
意味内容　63
上への継承　10
枝　15
エントリ　19
オカレンス　7
音　42
音の大きさ　45
音の高さ　45
オブジェクト指向データモデル　9
オープンアドレス指定法　30
重み付きユークリッド距離　68
親ノード　15
音圧　45
音圧レベル　45
音楽　42
音色　46
音声　42
音声データ　42

か 行

解錠　36
解像度　48
回復可能　35
拡張可能ハッシュ法　30
隔離性　33
重ね合わせ符号　31
画素　48
下稜線　123
関係　3
関係スキーマ　3
関係モデル　3
キー　6
木　15
キー制約　5
基本周波数　46
キーメソッド　115
競合直列化可能　34
兄弟ノード　15
共通部分　3
共有ロック　36
局所性反映ハッシュ法　89
局所性敏感ハッシュ法　89
キーワード　13
近接点列挙　75
区域　130
区域検索法　130
空間充填曲線　112
空間充填曲線利用法　112
クラスター　30
グラフィックス　52
グリッドファイル　87
継承　10
結合　5
厳格性　35
検索　11
原子性　33
交差問い合わせ　75
構造　63
候補キー　5
コサイン類似度　71

150　索引

子ノード　15
コミット　35
コンテンツ記述　63
コンピュータグラフィックス　53

さ 行

最小外接矩形　90
索引　12
索引部　26
差集合　3
サーフェスモデル　53
参照整合性制約　6
サンプリング定理　43

市街地距離　68
シグネチャ　31
シグネチャファイル　31
次元削減　72
シーケンスセット　26
次元の呪い　71
時刻印　37
時刻印順序法　37
次数　19
時制データベース　58
シソーラス展開　13
下への継承　10
実体　7
実体関連モデル　7
実体指向　8
射影　3
集約化　9
主キー　6
縮退相　36
主語　62
述語　62
衝突　30
上稜線　123
しらみつぶし法　95

スキーマ　2
スケジュール　33

成長相　36
制約　2
施錠　36
線形コスト法　97
線形ハッシュ法　30
選択　3
専有ロック　36

属性　3

ソリッドモデル　54

た 行

耐性　33
楕円体距離　69
高さ　15
タグ　40
多重継承　10
タプル　3
単一変換インデックス　126
探索木　15

超キー　5
直積集合　3
直接チェイニング法　30
直列スケジュール　34

テキスト　39
データ工学　1
データ実体　2
データの操作体系　2
データベース　1
データモデル　2
データを表現する構造　2
転置ファイル　13

問い合わせ　11
特徴量　14
特化　10
ドメイン　3
ドメイン制約　5
トライ　27
トランザクション　32
トランザクション時間　58

な 行

内容表現　14
ナビゲーション　11

二値画像　48

ネットワークモデル　6
根ノード　15

濃淡（グレースケール）画像　49
ノード　15

は 行

バケット　30
バック木　136
バックマン線図　6

ハッシュ関数　29
ハッシュ値　29
ハッシュ表　29
ハッシュ法　29
パーティクルシステム　54
葉ノード　15
範囲問い合わせ　12, 75
汎化　10
半構造データ　40

標本化　42

深さ　15
複合オブジェクト　9
複数変換インデックス　126
物理モデル　54
部分木　15
ブラウジング　11
プレフィックスサーチ　126
フレーム　51
フレーム内予測　49
フレームレート　51
フロント木　136

平衡 2 分探索木　19
平衡木　15
ベクトルデータ　53
ベクトル表現　62
変換法　91

包含問い合わせ　76
ボクセル表現　54

ま 行

マハラノビスの汎距離　69
マルチメディア　39
マルチメディアデータ工学　1
マンハッタン距離　68

ミンコフスキー距離　68

むだ領域　96

メタボール　54

目的語　62

や 行

有効時間　58
ユークリッド距離　68

ら 行

ラウドネス　45

ラウドネスレベル　45
ラスターデータ　52
楽観的制御法　38

離散フーリエ変換　124
粒度　37
量子化　43

量子化ビット数　43
両時制　58
リンク　15

レコード　3
連鎖アボート　35

ロック　36
ロールバック　35

わ　行

ワイヤーフレームモデル　53
和集合　3

著 者 略 歴

宝珍　輝尚（ほうちん・てるひさ）
　1984 年　名古屋工業大学大学院電気工学専攻 修了
　1984 年　日本電信電話公社（現 日本電信電話株式会社）入社
　1993 年　福井大学工学部情報工学科 助手
　1995 年　福井大学工学部情報工学科 助教授
　2003 年　大阪府立大学総合科学部数理・情報科学科 教授
　2006 年　京都工芸繊維大学大学院工芸科学研究科情報工学部門 教授
　2015 年　京都工芸繊維大学情報工学・人間科学系 教授（現職）
　　　　　博士（工学）

編集担当　富井　晃(森北出版)
編集責任　上村紗帆(森北出版)
組　　版　プレイン
印　　刷　エーヴィスシステムズ
製　　本　協栄製本

マルチメディアデータ工学
音声・動画像データベースの高速検索技術　　　　　　　ⓒ 宝珍輝尚　2018

2018 年 10 月 17 日　第 1 版第 1 刷発行　　【本書の無断転載を禁ず】

著　　　者　宝珍輝尚
発 行 者　森北博巳
発 行 所　森北出版株式会社
　　　　　　東京都千代田区富士見 1-4-11（〒102-0071）
　　　　　　電話 03-3265-8341／FAX 03-3264-8709
　　　　　　http://www.morikita.co.jp/
　　　　　　日本書籍出版協会・自然科学書協会　会員
　　　　　　JCOPY ＜(社)出版者著作権管理機構　委託出版物＞

落丁・乱丁本はお取替えいたします.

Printed in Japan ／ ISBN978-4-627-85141-2